educación plástica, visual y audiovisual

ESO 1

Con Savia nueva generación
puedes disfrutar de recursos digitales
y de un entorno donde estarás en contacto
con tu profesor y con tus compañeros de clase.

Entrar en smsaviang.com es fácil

Escribe en internet la siguiente dirección:
smsaviang.com

Regístrate e introduce el **número de licencia**
que aparece en la página de la izquierda.
Solo debes registrarte una vez.

Anota tu identificador y contraseña para que
puedas entrar después de haberte registrado.

www.grupo-sm.com/es

Savia nueva generación

sm

Así es tu libro

Presentación de la unidad

Averigua qué vas a aprender y qué sabes sobre el tema.

Biografía sobre el artista o creador de la obra.

En esta unidad aprenderás...
Índice que presenta los contenidos y destrezas claves de la unidad.

Texto y Actividades
Cuestiones para relacionar la imagen con los contenidos de la unidad.

Contenidos

Amplia tus conocimientos y destrezas con unos **desarrollos** muy claros y atractivos, acompañados de muchas imágenes y ejemplos que te ayudarán a conocer y entender la unidad.

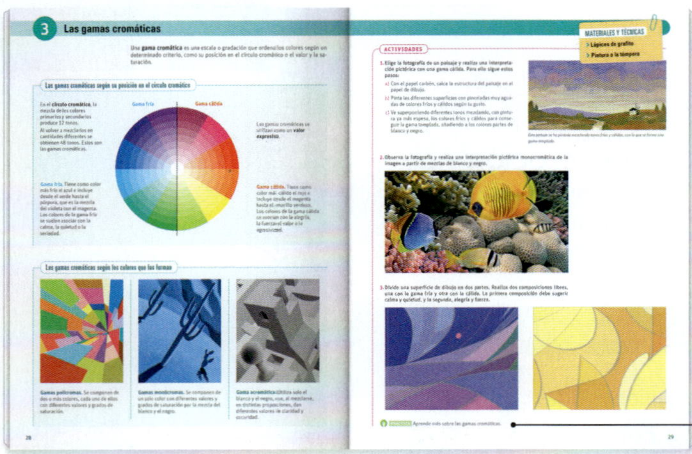

Llamada de página
En tu libro aparecen llamadas que te llevan al entorno digital smsaviang.com, en el que podrás encontrar recursos para aprender, ampliar o repasar los contenidos.

Te proponemos **actividades creativas** para aplicar, afianzar y comprender los contenidos aprendidos en la unidad.

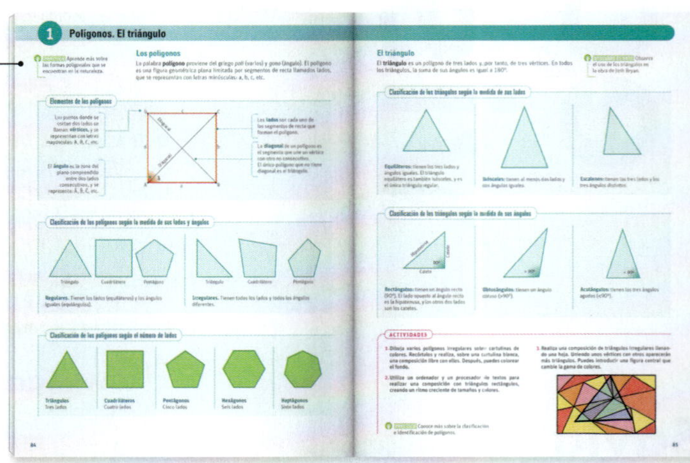

Cierre de la unidad

En las páginas de **Actividades finales** se presentan propuestas para repasar y aplicar las destrezas y conocimientos adquiridos en la unidad.

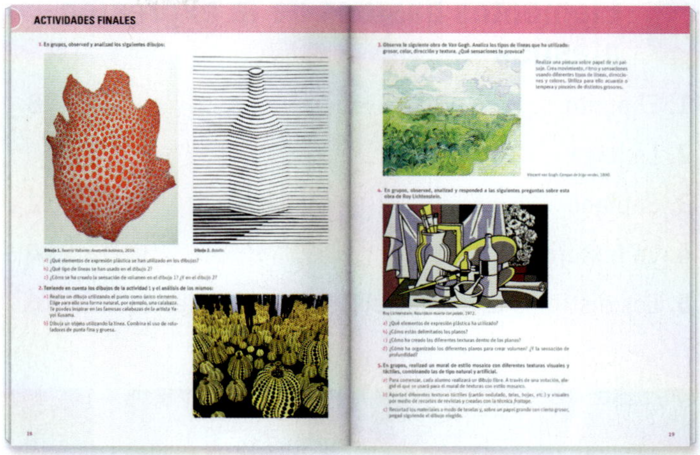

En la sección **Lo esencial** un mapa mental te mostrará las ideas fundamentales de la unidad y cómo se relacionan.

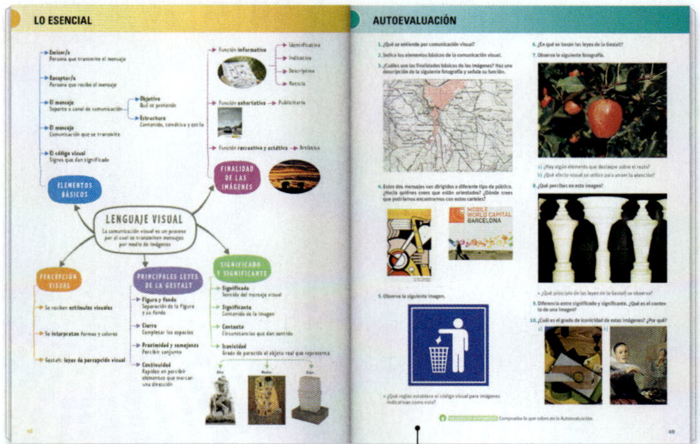

Autoevaluación

Una propuesta para repasar y afianzar los contenidos, con más actividades en el entorno digital smsaviang.com

Materiales y técnicas

En estas páginas se aportan consejos, descripciones y ejemplos de materiales y técnicas artísticas que se pueden aplicar en el aula.

Las actividades de la unidad remiten a esta sección.

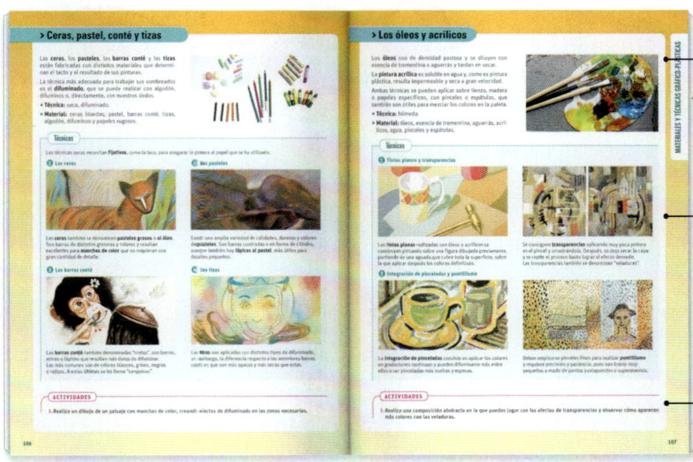

Materiales

Breve descripción de la composición y el tipo de técnica.

Técnicas

Explicación acompañada de imágenes que ilustran el proceso paso a paso.

Actividades

Permiten aplicar las técnicas aprendidas.

Índice

BLOQUE I. Expresión plástica

1 Elementos básicos de la expresión plástica

2 El color

BLOQUE II. Comunicación visual y audiovisual

3 El lenguaje visual

4 El cómic

BLOQUE III. Dibujo Técnico

5 Los trazados geométricos

6 Las formas poligonales

Materiales y técnicas en la expresión plástica 146

1 ELEMENTOS BÁSICOS DE LA EXPRESIÓN PLÁSTICA

Roy Lichtenstein
(1923-1997)

Roy Lichtenstein nació en Nueva York. Tras graduarse en Bellas Artes, se interesó por la apariencia sencilla y brillante de los anuncios de las ciudades y de las revistas, así como por los cómics.

Lichtenstein desarrolló un estilo que llamamos arte popular o arte pop. Los artistas pop defendían que cualquier objeto o diseño podía incluirse en una obra de arte y reproducirse libremente, fuesen cómics, pinturas, etc.

En sus obras, Lichtenstein reinterpretaba cómics y pinturas famosas con colores primarios brillantes aplicados en planos, líneas y puntos. Su estilo recordaba al diseño gráfico de la publicidad.

En esta unidad aprenderás...

- **El punto.** En este mural, Lichtenstein usa puntos de color en distintas cantidades para dar sensación de volumen.
- **La línea.** Con las líneas rectas se genera sensación de estabilidad; donde hay curvas, hay más movimiento.
- **El plano.** En esta obra, el artista usa planos de colores primarios y secundarios que configuran tanto formas libres como geométricas.
- **La textura.** En la obra se busca una textura lisa y artificial para dar apariencia de diseño gráfico.
- **Los lenguajes plásticos y visuales.** El punto, la línea y el plano también forman parte de la escultura y de la arquitectura. ¿Dónde hay líneas y planos en el edificio de la imagen?

Mural de Roy Lichtenstein en el *hall* del Museo de Arte de Tel Aviv.

1 El punto

¿Qué es el punto?

El **punto** es el elemento más simple y pequeño de la expresión plástica. Su primera finalidad es la de indicar una **posición** fija, pues no sigue ninguna dirección.

Se considera que una forma es un punto cuando ocupa un espacio muy pequeño sobre la superficie en la que se dibuja. Si sobrepasa un cierto tamaño, en comparación con las otras formas que lo rodean, se considera que es un círculo.

¿Cómo se representa el punto?

Aunque habitualmente el punto se considera redondo, se puede representar con distintas formas según su función; por ejemplo, los puntos gramaticales de los textos son cuadrados y pequeños para no distraer la atención. El punto gráfico empleado plásticamente puede tener la **superficie** y los **contornos irregulares**.

Observa cómo en esta composición, realizada a base de puntos, el círculo naranja se considera visualmente un plano debido a su gran tamaño.

¿Cuál es la capacidad expresiva y tridimensional del punto?

Capacidad expresiva

El punto tiene una capacidad **ilimitada** para representar imágenes y **expresar** ideas y emociones.

La **concentración**, agrupa varios puntos que se perciben como manchas de color. Centra el interés de los elementos de una obra.

Henri Matisse: *Lujo, calma y voluptuosidad*, 1904. Museo de Orsay, París.

La **dispersión** distancia unos puntos de otros. Abre la composición y puede ser empleada en zonas menos significativas.

La combinación de **concentración** y **dispersión** de puntos puede crear diferentes efectos de **difuminado** cuando nos alejamos visualmente de la imagen.

Capacidad tridimensional

Si se usan diferentes tamaños, formas y colores de puntos, se pueden crear sensaciones visuales de **profundidad espacial** y de **volumen**.

Los puntos más pequeños parecen más lejanos.

Los puntos de mayor tamaño parecen acercarse al observador.

MATERIALES Y TÉCNICAS

- Lápices de grafito y de colores
- Rotuladores

ACTIVIDADES

1. La técnica pictórica del puntillismo utiliza el punto o pequeños trazos. Emplea esta técnica para transformar la fotografía.

- Utiliza el rotulador negro para crear efectos de sombra.

2. Dibuja una composición utilizando puntos de diferentes formas y colores para producir la sensación de profundidad.

3. Accede a esta página web y completa una de las composiciones de estilo puntillista propuestas.

www.e-sm.net/sngpl1eso01_01

4. Observa el pixelado en la fotografía digital.

a) En un programa de tratamiento de imágenes, como GIMP o Paint.NET, abre una fotografía de buena calidad y de colores vivos.

b) Después modifica la imagen hasta conseguir una nueva a base de puntos.

c) A continuación, amplía la imagen y observa dichos puntos.

d) ¿Qué forma tienen? ¿Cómo crean una imagen?

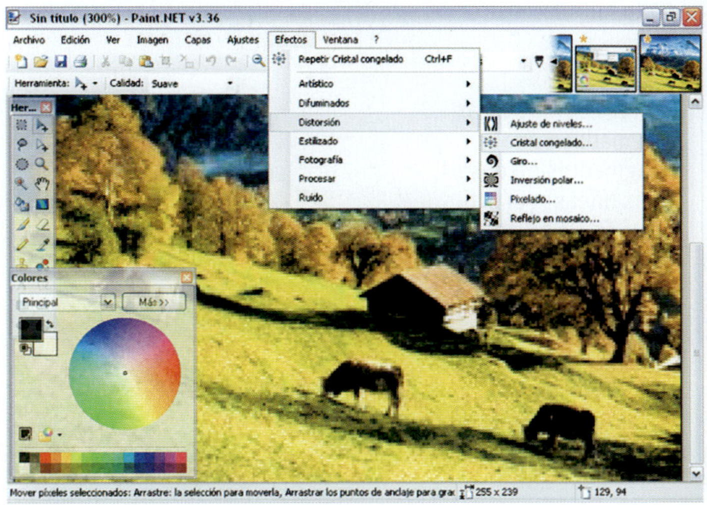

5. La artista japonesa Yayoi Kusama es conocida por realizar obras con puntos. Con este elemento básico, Kusama completa pinturas, esculturas, diseños de ropa e incluso habitaciones. Cuando un espacio es una obra de arte la denominamos instalación. Dibuja un espacio o un objeto y decóralo con puntos. Utiliza la capacidad expresiva y tridimensional del punto.

2 La línea

¿Qué es la línea?

La línea es el trazo creado por un punto en movimiento. Tiene una **posición** y una dirección en el espacio. Una de sus principales funciones consiste en delimitar el contorno de las formas. El círculo, por ejemplo, está delimitado por la línea que forma una circunferencia. Por esto, es adecuada para describir con precisión cualquier forma, pero también para transmitir ideas y emociones.

La forma, el grosor, el color y la textura de la línea permiten a los artistas crear sensaciones visuales como profundidad, fuerza, suavidad, agresividad, etc. Las **características estructurales** de las líneas constituyen su variedad y su riqueza expresiva.

Clasificación de las líneas según su estructura

Líneas simples
Constituidas por un solo trazo, ya sea recto o curvo, vertical, horizontal o inclinado. Se perciben directamente, de una sola mirada.

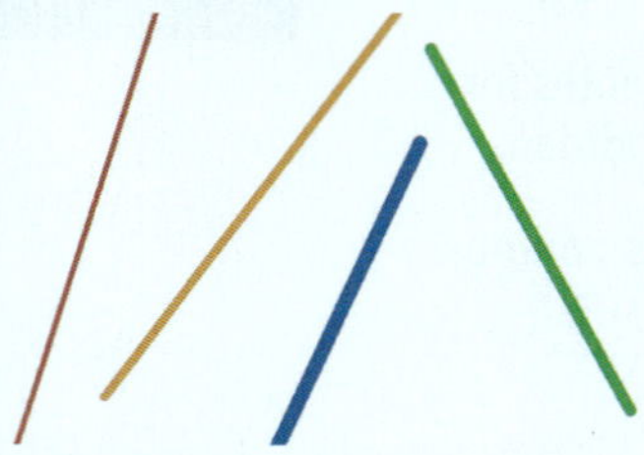

Líneas rectas

Líneas curvas

Líneas compuestas
Formadas por fragmentos de dos o más líneas rectas o curvas. Para visualizarlas bien tenemos que desplazar la vista en distintas direcciones.

Líneas quebradas
Formadas con fragmentos de líneas rectas.

Líneas onduladas
Formadas con fragmentos de líneas curvas.

Líneas mixtas
Formadas con fragmentos de líneas rectas y curvas.

¿Cuál es la capacidad expresiva de la línea?

Líneas verticales. Producen sensación visual de crecimiento, elevación y equilibrio. Transmiten un movimiento (ascendente o descendente).

Líneas horizontales. Producen sensación visual de mayor estabilidad, longitud, calma y sosiego, pero si se usan en exceso en un dibujo, este puede resultar monótono.

Líneas inclinadas. Transmiten inestabilidad y movimiento. Dan una sensación visual de dinamismo. También se denominan líneas oblicuas.

MATERIALES Y TÉCNICAS

- Lápices de grafito y de colores
- Instrumentos de trazado geométrico

ACTIVIDADES

1. Crea sensación de profundidad con líneas. Para ello, realiza una composición con líneas quebradas. Puedes aplicar estos pasos:

a) Traza las líneas más delgadas y suaves con un lápiz de grafito de dureza intermedia.

b) Con un lápiz de grafito blando, realiza un nuevo trazado sobre el primero con líneas más fuertes y de diferente grosor, sin evitar las superposiciones o cruces de líneas.

c) Con el lápiz más blando y protegiendo las zonas ya trabajadas con un papel blanco para no ensuciarlas con el roce de la mano, traza las líneas más fuertes dando unidad y armonía al conjunto.

Realiza dos composiciones más, una con líneas onduladas y otra con líneas mixtas. Observa los distintos efectos expresivos que producen.

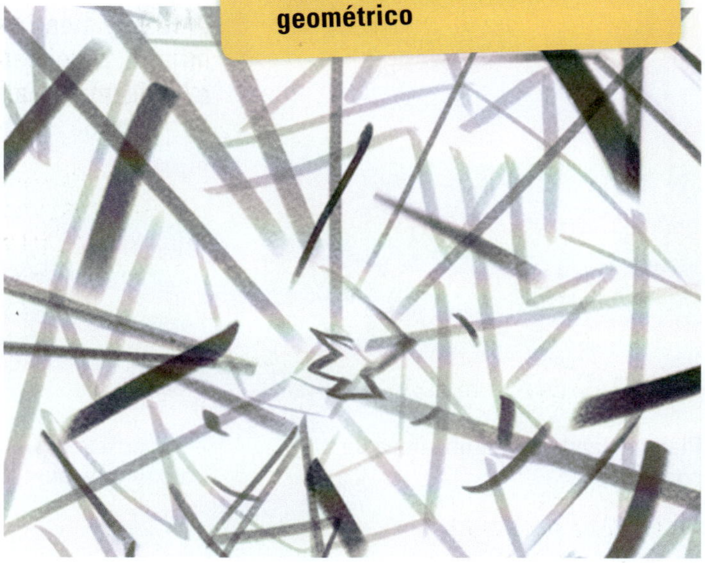

2. La forma, el grosor, el color y la textura de la línea permiten a los artistas crear sensaciones visuales como profundidad, fuerza, suavidad, agresividad, etc. Interpreta el paisaje de la fotografía a base de líneas de distintos tipos. Intenta crear, además, sensación de profundidad.

Cabo de Gata, Almería

3. Imagina y dibuja un paisaje fantástico empleando varias clases de líneas.

3 El plano

¿Qué es el plano?

Un plano es una superficie de dos dimensiones, **altura** y **anchura**, pero carece de grosor, y tiene **posición** y **dirección** en el espacio. Teóricamente, el plano es infinito, pero, para poder describirlo visualmente, se le ponen límites dando lugar a las **formas planas**. Existen varias maneras de describir los límites de un plano:

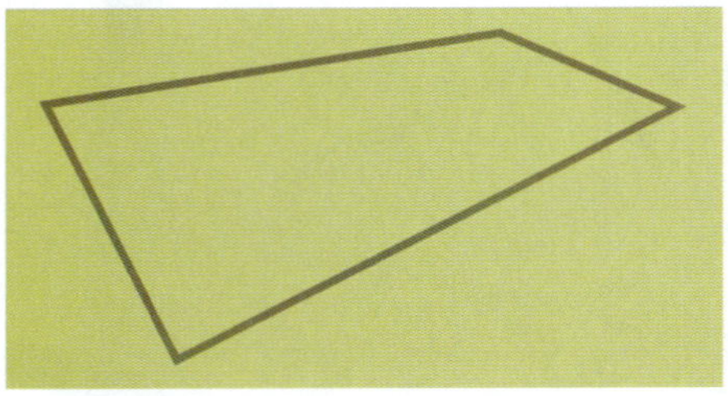

Plano delimitado por una línea de contorno.

Superficie del plano delimitado por una textura de puntos.

Plano definido con una tinta plana de diferente color que el fondo.

Clasificación de las formas planas

Las **formas planas geométricas** obedecen a leyes matemáticas. Por ello, tienen una gran capacidad para producir sensaciones visuales de orden y estabilidad. Existen tres formas planas geométricas básicas: el círculo, el cuadrado y el triángulo equilátero.

Las **formas planas orgánicas** obedecen a leyes naturales y pueden adoptar infinitas apariencias. La sensación visual que producen es de mayor dinamismo que la de las formas geométricas, ya que remiten a las formas, elementos y fuerzas que existen en la naturaleza: las nubes, las olas, el viento, etc.

¿Cuál es la capacidad expresiva y tridimensional del plano?

Capacidad expresiva

El plano es el elemento plástico que recibe la acción de todos los demás, pues se puede trabajar sobre él con puntos, líneas, colores y texturas. Por ello reúne un **gran poder de expresión**.

David Hockney: *El mar en Malibú*, 1988.

Capacidad tridimensional

Una de las funciones principales del plano consiste en crear volumen al unirse con otras formas planas en distintas direcciones.

El plano es el más apropiado para transmitir **sensaciones visuales** como el volumen, el claroscuro, la profundidad, etc. Estas cualidades lo convierten en parte fundamental para la elaboración de obras artísticas en cualquiera de sus medios de expresión.

El volumen tiene tres dimensiones: **altura**, **anchura** y **profundidad**, y se puede representar sobre una superficie de dos dimensiones como el papel, utilizando los elementos plásticos adecuadamente y con diferentes recursos gráficos, como sombreados y degradados de color.

MATERIALES Y TÉCNICAS

- Lápices de grafito y de colores
- Ceras, pastel, conté y tizas

ACTIVIDADES

1. **Crea formas planas partiendo de líneas.**

a) Realiza una composición a base de líneas de distintos grosores con los lápices de grafito.

b) Cubre con varios tonos de gris las formas planas originadas al cruzarse las líneas.

c) Termina reforzando los contornos y los planos que así lo requieran.

2. **Crea formas tridimensionales a partir de formas planas. Puedes aplicar este procedimiento:**

a) Dibuja formas planas de distintos tamaños con lápices de colores. Puedes superponerlas.

b) Difumina los perfiles de las formas que estén más alejadas. Para el fondo utiliza colores suaves con pasteles.

c) Calca este dibujo en otro papel y forma figuras tridimensionales.

d) Colorea el nuevo trabajo para dar volumen a las formas.

e) Compara los dos dibujos y analiza cómo has logrado transmitir las sensaciones de profundidad y de volumen.

3. **Observa cómo uniendo planos en distintas direcciones se obtiene la sensación de volumen y se crean ilusiones ópticas. Realiza un *collage* utilizando formas planas en distintas direcciones para conseguir este efecto. Emplea papeles de distintas texturas y colores.**

Víctor Vasarely: *Triond*, 1973.

PRACTICA Aprende más sobre el plano transformando una fotografía en una obra cubista.

4 La textura

Antoni Tàpies: *Arco y cuerda*, 2000.

El color y la expresividad de esta obra se resaltan por medio de las texturas obtenidas en la madera.

¿Qué es la textura?

La **textura** es una cualidad de las superficies debida a la estructura material del objeto y que produce distintas sensaciones visuales y táctiles. Podemos distinguir entre texturas lisas, suaves, ásperas, granuladas, rugosas, etc. Por ejemplo, la superficie de la seda es lisa y suave, y la corteza de un pino es áspera y rugosa.

Los artistas utilizan las texturas como un elemento plástico más para conseguir **mayor expresividad** en sus obras. Clasificamos la textura según el origen de su material o según la percepción de nuestros sentidos.

Clasificación de las texturas según su origen

Texturas naturales
Aquellas que se encuentran en la naturaleza.

Texturas artificiales
Aquellas elaboradas por el ser humano de forma manual o mecánica.

En esta fotografía se observan dos ejemplos de texturas: la textura natural de la hierba y la textura artificial del cemento pulido.

Clasificación de las texturas según la percepción sensorial

Texturas táctiles
Son aquellas que se pueden percibir mediante el sentido del tacto.

En la representación plástica, ya sea de pintura o de escultura, se producen muchos efectos de texturas táctiles combinando distintos materiales o elaborando superficies con los relieves deseados.

Texturas visuales
Son aquellas que solo se pueden percibir mediante el sentido de la vista. Reciben también el nombre de texturas gráficas, pues se trata de fotografías o de representaciones gráficas sobre papel u otro material.

En los museos táctiles, como el Tiflológico, se exponen obras artísticas concebidas para ser apreciadas por las texturas táctiles y visuales.

MATERIALES Y TÉCNICAS

- **Ceras, pastel, conté y tizas**
- ***Collage***

ACTIVIDADES

1. Existen obras pictóricas creadas para la percepción táctil y visual. Así, pueden ser disfrutadas por personas con diversidad de capacidades sensoriales. Reúne materiales de colores, formas y texturas diversas que sean fáciles de pegar sobre un cartón o cartulina. Realiza una composición con ellos que pueda ser apreciada con uno o varios sentidos.

2. Realiza un diseño con diversas formas planas en una hoja de papel fino con líneas suaves y limpias. Texturiza con ceras algunas formas mediante la técnica del frotado utilizando telas, maderas e, incluso, tramas de la pared.

3. Observa esta fotografía e intenta reproducir mediante la técnica del *collage* las texturas naturales y artificiales que observas.

PRACTICA Sigue trabajando para reconocer más texturas.

5 Los distintos lenguajes plásticos y visuales

¿Qué son los lenguajes plásticos?

Los lenguajes plásticos son las formas materiales y creativas con las que se interpreta la realidad o las ideas. Son lenguajes plásticos la pintura, la escultura, la arquitectura, la edición gráfica, el diseño, etc. Todos ellos utilizan los elementos básicos de la expresión plástica que has estudiado, además del color y la forma.

La arquitectura y la escultura son, además, tridimensionales.

Elementos plásticos en la arquitectura

El arquitecto utiliza los **elementos plásticos** para dibujar las proyecciones en las que se presenta la concepción del edificio.

Posteriormente, plasma estas proyecciones en la construcción. El punto y la línea definen las formas y los planos en la arquitectura.

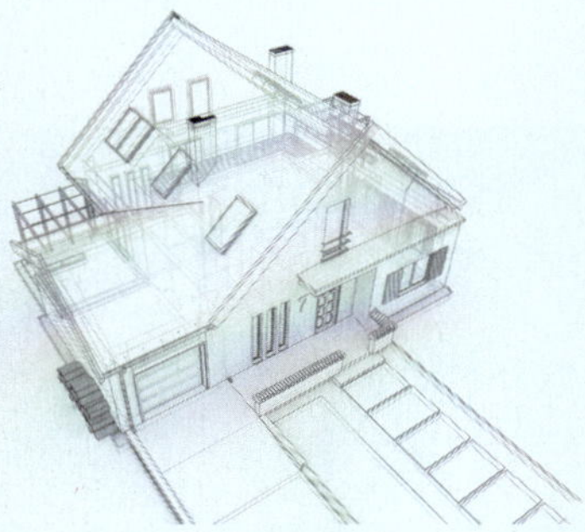

En los dibujos de plantas y proyecciones podemos ver claramente las líneas.

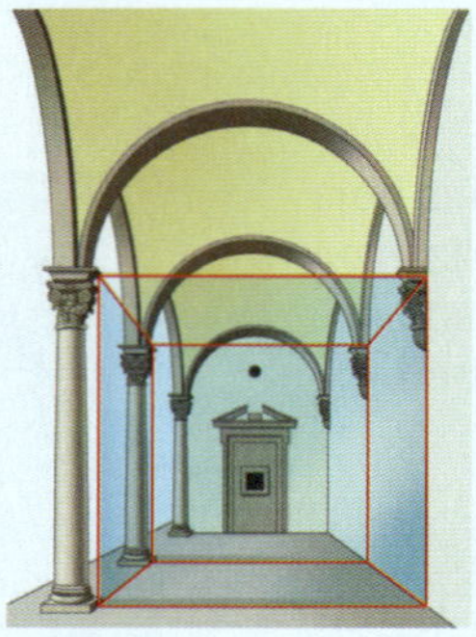

En otros casos, la línea es imaginaria y no se ve en la construcción real. Sin embargo, transmite orden y equilibrio.

Las líneas definen el plano, que puede relacionarse con el muro, el techo o el suelo.

Elementos plásticos en la escultura

Los elementos básicos de la expresión plástica conforman las esculturas. Así, las líneas pueden ser incisiones o elementos de la obra, pero también el contorno de la propia escultura. Además, las líneas definen los distintos planos de la obra. Por último, en esta expresión plástica es esencial la textura, pues el lenguaje escultórico permite distinguir y reproducir todo tipo de texturas: suaves, rugosas, artificiales, naturales, etc.

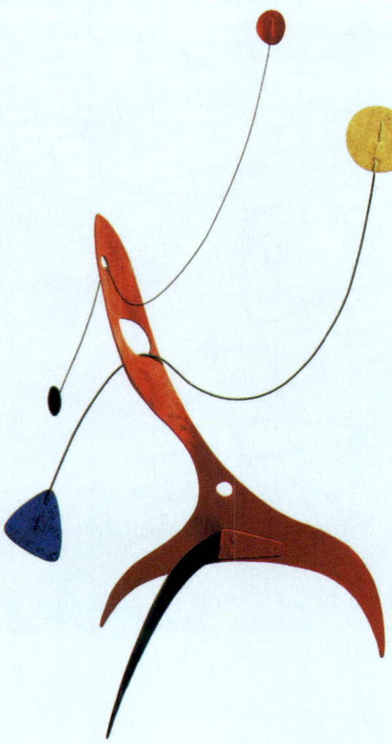

En este móvil de Alexander Calder (1930) los planos y las líneas forman la escultura y definen su silueta.

ACTIVIDADES

1. ¿Qué tipo de líneas predominan en esta construcción? ¿A qué parte denominarías plano?

Le Corbusier: *Museo de Arte Occidental*, 1967.

2. La Alhambra, en Granada, se denomina así por sus muros de color rojizo. El elemento decorativo más utilizado por los arquitectos granadinos es el ataurique, o decoración vegetal, y, en menor medida, la lacería, el conjunto de adornos y lazos, y las redes de rombos.

a) Describe las texturas y relaciónalas con elementos de la naturaleza. La parte superior del arco, ¿a qué elementos de la naturaleza te recuerda? Y la parte inferior y lateral de las ventanas, ¿en qué te hace pensar?

b) Diseña un arco de un palacio que remita a un bosque, un árbol, un prado, unas flores... Dibuja las texturas.

3. El pintor vanguardista Vasili Kandinski escribió que "correr de puntillas equivale a ir regando puntos por el suelo. El bailarín, mediante saltos, también evoca el punto". ¿Cómo se relacionan en el texto la danza con los elementos de la expresión plástica?

4. El escultor Gian Lorenzo Bernini consiguió imitar numerosas texturas con el mármol. Observa estos dos detalles de sus obras. ¿Qué texturas lisas y rugosas identificas? ¿Cuáles imitan una textura natural?

Gian Lorenzo Bernini: *David*, 1623.

Gian Lorenzo Bernini: *Apolo y Dafne*, 1621.

ACTIVIDADES FINALES

1. En grupos, observad y analizad los siguientes dibujos:

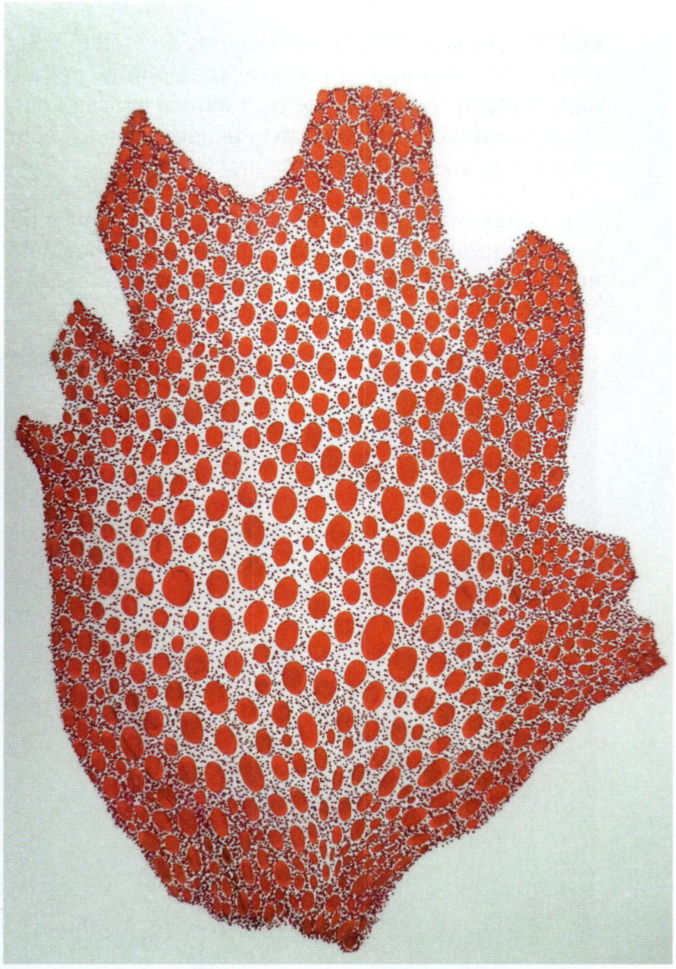

Dibujo 1. Beatriz Valiente: *Anatomía botánica*, 2014.

Dibujo 2. *Botella*.

a) ¿Qué elementos de expresión plástica se han utilizado en los dibujos?

b) ¿Qué tipo de líneas se han usado en el dibujo 2?

c) ¿Cómo se ha creado la sensación de volumen en el dibujo 1? ¿Y en el dibujo 2?

2. Teniendo en cuenta los dibujos de la actividad 1 y el análisis de los mismos:

a) Realiza un dibujo utilizando el punto como único elemento. Elige para ello una forma natural, por ejemplo, una calabaza. Te puedes inspirar en las famosas calabazas de la artista Yayoi Kusama.

b) Dibuja un objeto utilizando la línea. Combina el uso de rotuladores de punta fina y gruesa.

3. **Observa la siguiente obra de Van Gogh. Analiza los tipos de líneas que ha utilizado: grosor, color, dirección y textura. ¿Qué sensaciones te provoca?**

Realiza una pintura sobre papel de un paisaje. Crea movimiento, ritmo y sensaciones usando diferentes tipos de líneas, direcciones y colores. Utiliza para ello acuarela o tempera y pinceles de distintos grosores.

Vincent van Gogh: *Campos de trigo verdes*, 1890.

4. **En grupos, observad, analizad y responded a las siguientes preguntas sobre esta obra de Roy Lichtenstein.**

Roy Lichtenstein: *Naturaleza muerta con paleta*, 1972.

a) ¿Qué elementos de expresión plástica ha utilizado?

b) ¿Cómo están delimitados los planos?

c) ¿Cómo ha creado las diferentes texturas dentro de los planos?

d) ¿Cómo ha organizado los diferentes planos para crear volumen? ¿Y la sensación de profundidad?

5. **En grupos, realizad un mural de estilo mosaico con diferentes texturas visuales y táctiles, combinando las de tipo natural y artificial.**

a) Para comenzar, cada alumno realizará un dibujo libre. A través de una votación, elegid el que se usará para el mural de texturas con estilo mosaico.

b) Aportad diferentes texturas táctiles (cartón ondulado, telas, hojas, etc.) y visuales por medio de recortes de revistas y creadas con la técnica *frottage*.

c) Recortad los materiales a modo de teselas y, sobre un papel grande con cierto grosor, pegad siguiendo el dibujo elegido.

ELEMENTOS DE LA EXPRESIÓN PLÁSTICA

EL PUNTO
Elemento básico más pequeño de la expresión plástica

- **Capacidad expresiva**
  - **Concentración**: Centra el interés de los elementos
  - **Dispersión**: Abre la composición en zonas menos significativas
- **Capacidad tridimensional**: El tamaño de los puntos crea sensaciones de profundidad y volumen

LA LÍNEA
Trazo creado por un punto en movimiento

- **Clasificación**
  - **Simples**
  - **Compuestas**
- **Capacidad expresiva**
  - **Líneas verticales**: Comunican crecimiento
  - **Líneas horizontales**: Comunican estabilidad
  - **Líneas inclinadas**: Comunican dinamismo

EL PLANO
Superficie de dos dimensiones: altura y anchura

- **Clasificación**
  - **Geométricas**
  - **Orgánicas**
- **Capacidad expresiva**
  - Receptor de los demás elementos plásticos
  - Transmisor de sensaciones visuales: volumen, claroscuros, profundidad, etc.
- **Capacidad tridimensional:** creador de volúmenes

LA TEXTURA
Cualidad de las superficies que produce diferentes sensaciones visuales

- **Clasificación**
  - **Según su origen**
    - Naturales
    - Artificiales
  - **Según la percepción sensorial**
    - Táctiles
    - Visuales

AUTOEVALUACIÓN

1. Enumera los elementos básicos de la expresión plástica. Observa la siguiente imagen.

Puente de la Constitución de 1812, conocido como *Puente de La Pepa*, Cádiz.

- ¿Qué elementos del lenguaje plástico encuentras en ella?

2. ¿Qué capacidad expresiva tiene el punto en el lenguaje plástico?

3. Indica cómo se ha conseguido en este dibujo la sensación de profundidad espacial.

4. ¿Qué elementos plásticos intervienen en este cuadro de Lichtenstein?

Roy Lichtenstein: *Escena del bosque,* 1980.

5. ¿En qué dirección deben estar dispuestas las líneas en un dibujo para que sugieran efectos visual, de inestabilidad y de movimiento?

6. Observa las siguientes obras.

Mark Rothko: *Sin título,* 1957. Ben Nicholson: *Construcción,* 1945.

- ¿Cómo están definidos los límites de los planos?

7. ¿Cómo se clasifican las formas planas?

8. Observa la fotografía e indica qué tipo de textura tiene la superficie de los elementos que aparecen.

9. Observa la siguiente obra de Calder.

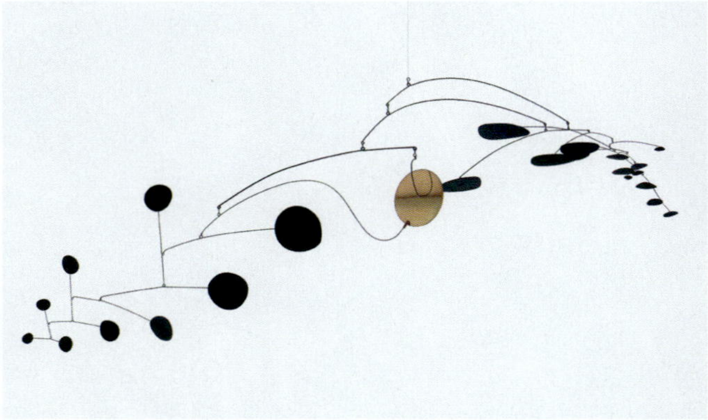

Alexander Calder: *Streetcar,* 1951.

a) ¿Qué elementos plásticos ha utilizado?

b) ¿Qué sensación visual te producen: serenidad, dinamismo, equilibrio, pesadez, etc.?

VALORA LO APRENDIDO Comprueba lo que sabes en la Autoevaluación.

2 EL COLOR

Capilla Sixtina, Palacio Apostólico de la Ciudad del Vaticano.

Miguel Ángel Buonarroti

(1475-1564)

Miguel Ángel fue un artista italiano del Renacimiento. Después de estudiar gramática, se formó como artista y, ya con 12 años, destacó en los talleres más importantes del momento.

Miguel Ángel trabajó para los gobernantes y papas más importantes de su época en diferentes ciudades de Italia, como Florencia, Bolonia y Roma.

Fue un gran escultor del mármol, pero también realizó importantes obras arquitectónicas y pictóricas, sobre todo en San Pedro del Vaticano.

En esta unidad aprenderás...

- **Colores primarios y secundarios.** En la Capilla Sixtina, del Vaticano, Miguel Ángel decoró el techo y el muro del fondo, mientras que los laterales están realizados por otros artistas del Renacimiento, como Botticelli. Todos los colores que se usaron proceden de tres colores fundamentales: el amarillo, el azul cian y el magenta.
- **Cualidades del color.** En esta obra hay muchos tonos de azul. Un color puede aparecer en un valor más claro o más oscuro, más vivo o más intenso. Depende de la cantidad de blanco o de negro que usemos al mezclarlo.
- **Gamas cromáticas y relaciones armónicas.** Los colores se agrupan según su valor y las sensaciones que producen. Los azules y verdes se consideran fríos, mientras que los rojos, rosas y amarillos se consideran cálidos. Por eso, en esta obra hay mucho contraste.

1 Colores primarios y secundarios

» El círculo cromático

El círculo cromático es un esquema que ordena los colores primarios (P) y complementarios (C). Un color es complementario de otro cuando no contiene ninguna cantidad del color opuesto.

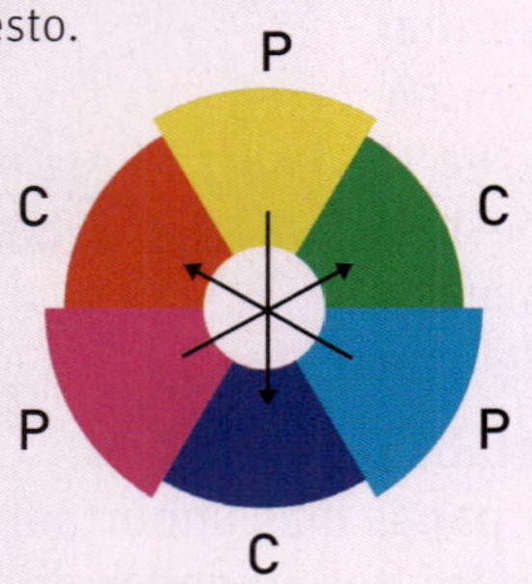

El amarillo es complementario (C) del violeta; el azul cian, del rojo, y el magenta, del verde.

¿Qué es el color?

El color es un elemento plástico, como también lo son el punto, la línea, el plano y la textura. El color es la interpretación que nuestro cerebro hace de los estímulos visuales lumínicos que reciben los ojos. Percibimos gran cantidad de colores, pero no contamos con tantos como existen en la naturaleza para pintar un cuadro o imprimir una imagen.

Para poder imitar a la naturaleza se producen los colores primarios. Mezclados en cantidades diferentes y añadiendo blanco o negro pueden llegar a simular los colores de la realidad.

Los colores primarios

Los tres colores fundamentales son aquellos que no se pueden conseguir por la mezcla de ningún otro color. Se llaman también colores primarios y son: el amarillo, el azul cian y el magenta.

Los colores secundarios

Si mezclamos los colores primarios, de dos en dos, se obtienen los colores secundarios o binarios que son: el rojo, el verde y el violeta.

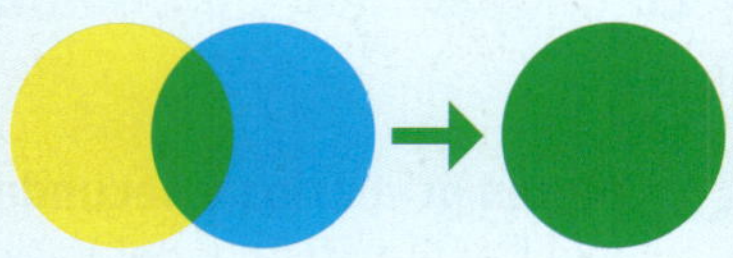

Amarillo + azul cian = verde

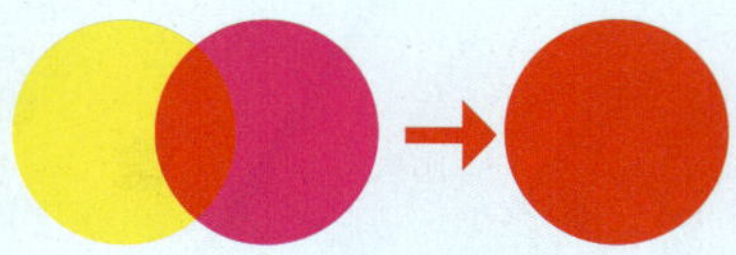

Amarillo + magenta = rojo

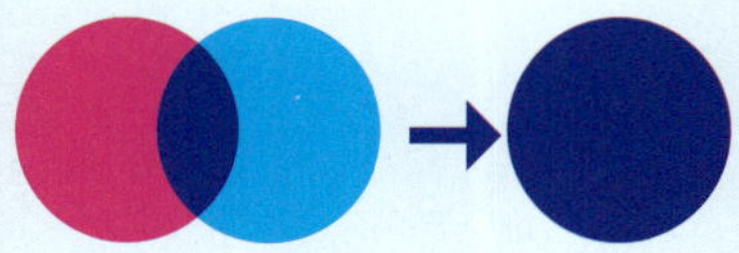

Magenta + azul cian = violeta

La mezcla de colores

La **mezcla aditiva** es la combinación de determinadas cantidades de colores luz. Son aquellos colores producidos por monitores de ordenador, pantallas, proyectores, etc. Los tres colores luz primarios son el rojo, el verde y el azul. Este es el modelo RGB, *red* (R), *green* (G) y *blue* (B). El ojo humano percibe la suma o adición de estos colores como color blanco.

En este esquema se mezclan tres fuentes de luz (roja, verde y azul). En el centro se percibirá el color blanco.

La **mezcla sustractiva** es juntar cantidades iguales de **tinta** de los colores primarios que produce una sensación visual cercana al negro. Cada color añadido resta o sustrae luminosidad al conjunto, dando como resultado la ausencia de color. En impresión se utiliza esta mezcla a través de un sistema a cuatro colores: el modelo CMYK, en referencia a los colores cian (C), magenta (M), *yellow* (Y) y *black* (K).

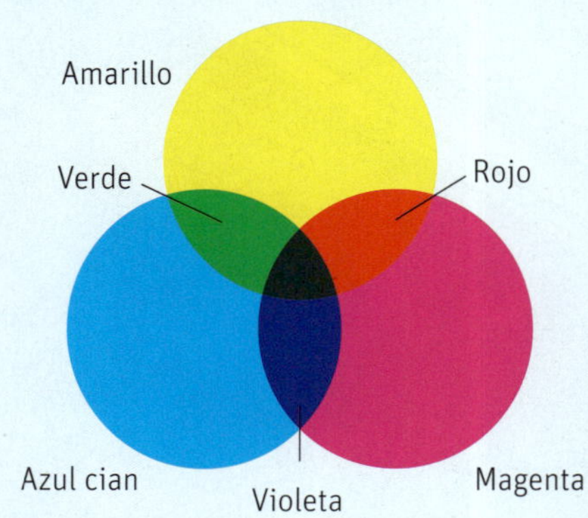

Observa cómo se ha producido un color similar al negro en el centro del esquema al unirse los colores primarios.

ACTIVIDADES

1. Realiza una composición combinando colores primarios y secundarios mediante el siguiente procedimiento:

a) Dibuja varias figuras geométricas con parte de sus superficies superpuestas.

b) Pinta las superficies libres con colores primarios. Después, pinta las superficies superpuestas con colores secundarios, si trabajas con un programa de dibujo digital, mezcla al 50 % los colores primarios de sus correspondientes figuras.

Puedes trabajar la misma composición con recortes de papeles coloreados transparentes. Comprueba que, en este caso, los colores secundarios se obtienen por superposición, y no por mezcla como en el caso anterior.

Observa en el ejemplo las zonas superpuestas entre el círculo y el triángulo.

2. Observa este ejemplo en el que se han utilizado los colores complementarios amarillo y violeta. Realiza una composición de figuras libres utilizando los colores complementarios magenta y verde, con sus correspondientes mezclas. ¿Por qué estos dos colores son complementarios?

En los espacios superpuestos de las figuras se han mezclado cantidades iguales de cada uno de estos colores.

3. La pantalla de un monitor está compuesta por un cierto número de píxeles, y cada píxel contiene tres pequeñas fuentes luminosas: una roja, una verde y una azul. La mezcla de los colores de estas tres fuentes luminosas le dan a cada píxel el color que vemos.

Hay artistas digitales que trabajan con los píxeles de las imágenes en lo que se ha llamado *pixel art*. Elige una imagen, entra en el enlace y transfórmala en una obra de *pixel art*. www.e-sm.net/sngpl1eso02_01

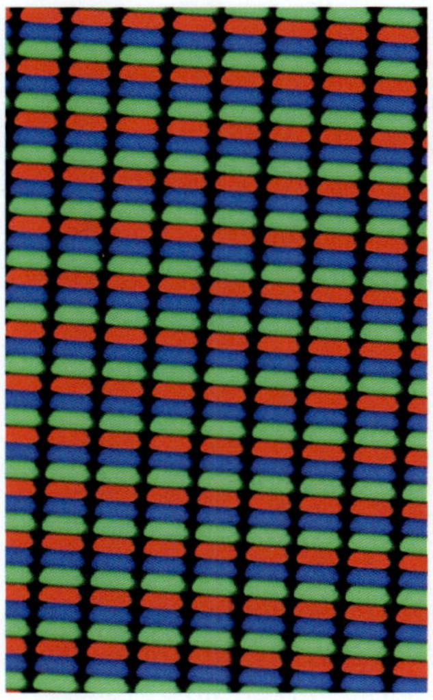

Pantalla de un monitor.

Fotografía de bodegón.

Interpretación en pixel art *de la fotografía.*

PRACTICA Profundiza en tus conocimientos sobre el color.

2 Cualidades del color

Los colores vienen definidos por tres cualidades: **tono**, **valor** y **saturación**. Además, su percepción depende de diferentes factores.

¿Cuáles son las cualidades del color?

Tono, matiz o tinte. Es el nombre que se da a cada color.

AMARILLO AZUL
NARANJA VERDE
ROSA MARRÓN
MORADO GRIS

Valor o luminosidad. Es el grado de claridad u oscuridad de un color. La claridad se consigue añadiendo blanco a un tono y la oscuridad, añadiendo negro.

Cuando un tono lleva mucha mezcla de blanco se dice que tiene un **valor alto**. Si lleva mucha mezcla de negro se dice que tiene un **valor bajo**.

El contraste es la diferencia significativa en la viveza o intensidad de los colores en una imagen. Cuando un color resalta más que otro, aumenta el contraste. Sin embargo, si tienen la misma luminosidad o parecida, apenas existe contraste.

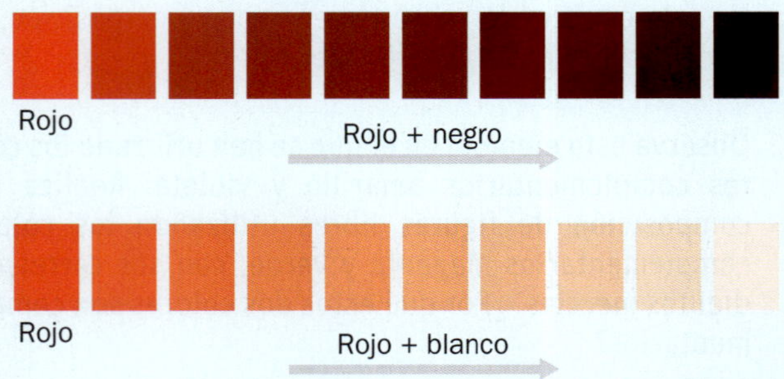

Escalas de valores.

Saturación o intensidad. Es el grado de pureza o saturación de un color. Los colores primarios y secundarios son puros, así que tienen un grado máximo de saturación.

Tanto en la naturaleza como en las reproducciones gráficas comprobamos que pocas veces aparecen los colores con su grado máximo de saturación. Cuanta más cantidad del color complementario haya en la mezcla, menos saturación tendrá el color del que se parte. Cuando esto ocurre, los colores se desaturan.

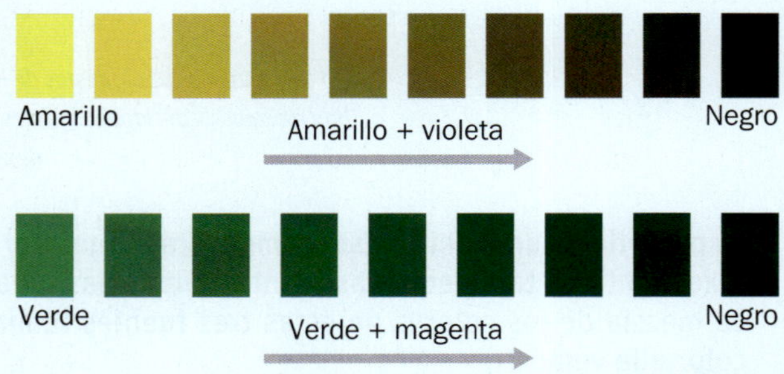

Escalas de saturación.

¿Cómo percibimos los colores?

La vista puede percibir de manera diferente un mismo color dependiendo de la iluminación, del tamaño que ocupa o de los colores que lo rodean.

Mira durante unos segundos el color del recuadro de mayor tamaño, e intenta reconocer el mismo en el interior de los cuadrados pequeños. Cuesta reconocerlo debido a los colores que rodean a cada una de las figuras y a su diferente tamaño.

El color no es una cualidad fija de los objetos, como sí lo son su forma o su textura.

El bodegón se ha iluminado con luces diferentes: el primero con un foco de luz blanca y el segundo con un foco verde. Comprueba que los mismos objetos presentan una notable variación de color.

MATERIALES Y TÉCNICAS

- **Lápices de colores**
- **Pintura a la témpera**

ACTIVIDADES

1. Esta secuencia de cuatro figuras se ha realizado añadiendo diferentes cantidades de blanco al color original para conseguir mayor luminosidad. Realiza el mismo ejercicio oscureciendo los colores originales.

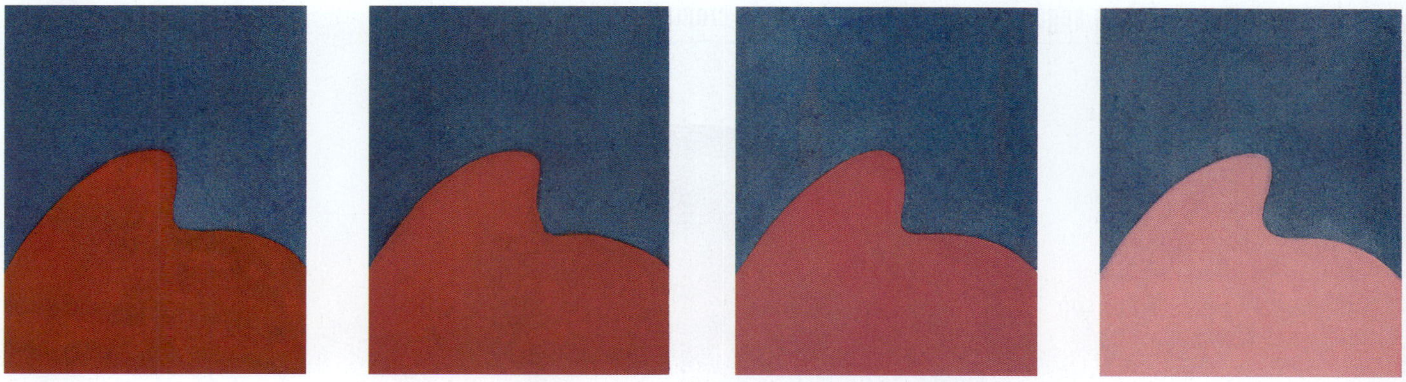

2. Intenta reproducir en un recuadro de 8 x 8 centímetros el color del dorso de tu mano. ¿Qué mezcla de colores elegirías? ¿Esta mezcla estaría muy saturada o poco saturada?

3. Usa la fotografía para comprobar cómo afecta el cambio de iluminación en la percepción de los objetos.

a) Para ello, elige unos objetos cotidianos de colores contrastados (por ejemplo, unos globos) y haz una fotografía sin emplear ningún filtro.

b) Después, realiza tres fotografías más utilizando distintos filtros (escala de grises, sepia, etc.).

c) Imprime las fotografías, pégalas en una lámina y compara el resultado.

4. Dibuja un paisaje en un papel que aguante la pintura húmeda. Después, divídelo en dos partes iguales con una línea vertical. Finalmente, pinta una de las partes con colores de invierno y otra con colores primaverales. Usa témperas para aplicar el color. ¿En qué parte has usado valores más altos? ¿Dónde aparecen los colores más saturados?

PRACTICA Amplía tu percepción y ordena las gamas según su valor o saturación.

3 Las gamas cromáticas

Una **gama cromática** es una escala o gradación que ordena los colores según un determinado criterio, como su posición en el círculo cromático o el valor y la saturación.

Las gamas cromáticas según su posición en el círculo cromático

En el **círculo cromático**, la mezcla de los colores primarios y secundarios produce 12 tonos.

Al volver a mezclarlos en cantidades diferentes se obtienen 48 tonos. Estos son las gamas cromáticas.

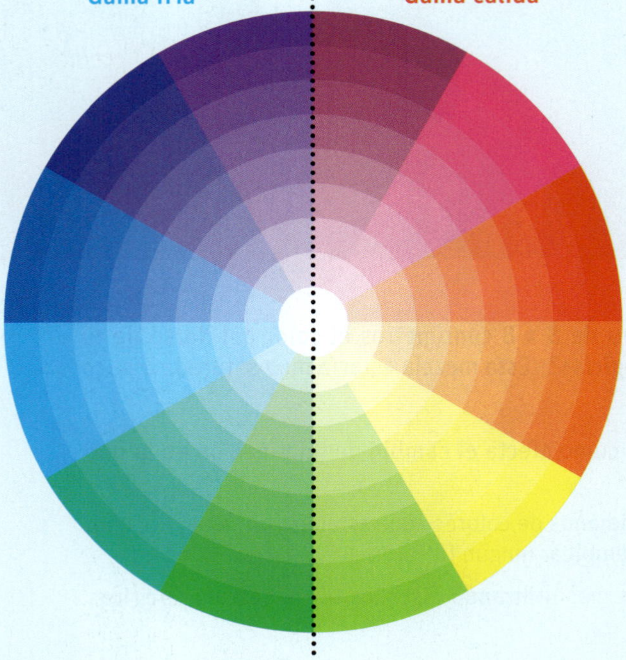

Las gamas cromáticas se utilizan como un **valor expresivo**.

Gama fría. Tiene como color más frío el azul e incluye desde el verde hasta el púrpura, que es la mezcla del violeta con el magenta. Los colores de la gama fría se suelen asociar con la calma, la quietud o la seriedad.

Gama cálida. Tiene como color más cálido el rojo e incluye desde el magenta hasta el amarillo verdoso. Los colores de la gama cálida se asocian con la alegría, la fuerza, el valor o la agresividad.

Las gamas cromáticas según los colores que las forman

Gamas polícromas. Se componen de dos o más colores, cada uno de ellos con diferentes valores y grados de saturación.

Gamas monócromas. Se componen de un solo color con diferentes valores y grados de saturación por la mezcla del blanco y el negro.

Gama acromática. Utiliza solo el blanco y el negro, que, al mezclarse, en distintas proporciones, dan diferentes valores de claridad y oscuridad.

MATERIALES Y TÉCNICAS

- Lápices de grafito
- Pintura a la témpera

ACTIVIDADES

1. Elige la fotografía de un paisaje y realiza una interpretación pictórica con una gama cálida. Para ello sigue estos pasos:

a) Con el papel carbón, calca la estructura del paisaje en el papel de dibujo.

b) Pinta las diferentes superficies con pinceladas muy aguadas de colores fríos y cálidos según tu gusto.

c) Ve superponiendo diferentes tonos mezclando, con pintura ya más espesa, los colores fríos y cálidos para conseguir la gama templada, añadiendo a los colores partes de blanco y negro.

Este paisaje se ha pintado mezclando tonos fríos y cálidos, con lo que se forma una gama templada.

2. Observa la fotografía y realiza una interpretación pictórica monocromática de la imagen a partir de mezclas de blanco y negro.

3. Divide una superficie de dibujo en dos partes. Realiza dos composiciones libres, una con la gama fría y otra con la cálida. La primera composición debe sugerir calma y quietud, y la segunda, alegría y fuerza.

PRACTICA Aprende más sobre las gamas cromáticas.

4 Relaciones armónicas entre colores

La combinación de colores en una composición artística, ya sea pintura, escultura, diseño, cine o fotografía, es muy importante, ya que determina el efecto visual, la expresividad y el simbolismo de la obra.

La forma de combinar los colores se llama armonizar. Se pueden **armonizar** colores afines; complementarios y con blanco y negro, que dan lugar a los grises.

Armonía de colores afines

Es la que emplea **colores próximos en el círculo cromático** (un cuarto de círculo, aproximadamente). Con ella, la vista se desplaza uniformemente por la superficie coloreada.

Efecto visual obtenido: unidad y estabilidad.

Observa cómo las figuras están relacionadas mediante armonía de colores afines, verdes y amarillos.

Armonía de colores complementarios

Es la que emplea **colores opuestos** en el círculo cromático. Con ella, se crea un contraste armónico que separa las formas.

En este tipo de armonía, la vista es atraída, primero, por unos colores y, después, por otros.

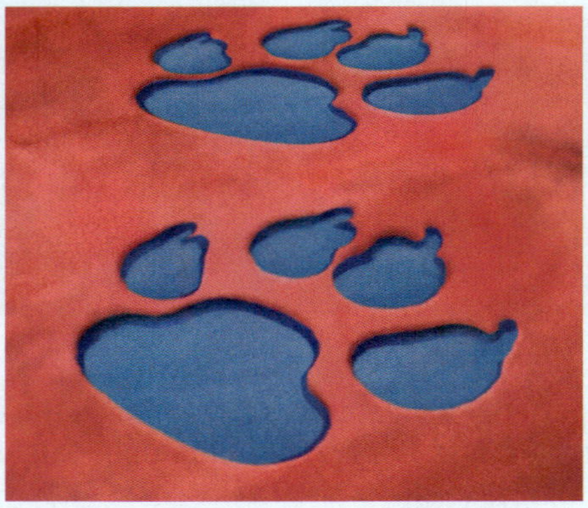

Efecto visual obtenido: fuerza y dinamismo.

En esta ilustración las figuras en tonos azules y rojos están combinadas en un contraste armónico.

Armonía de grises

Se obtiene mezclando cualquier color con blanco y negro. En el lenguaje pictórico, un tono gris no solo es la combinación de blanco y negro, sino cualquier otro color mezclado con estos.

Si los colores utilizados son afines, diremos que se trata de una **armonía de grises afines**. Mientras que si utilizamos los complementarios, se tratará de un **contraste armónico de grises** o una **armonía de grises complementarios**.

Efecto visual obtenido: unidad con cierto grado de dinamismo.

En esta composición se han combinado colores complementarios con distintos niveles de saturación obteniendo un contraste armónico de grises.

ACTIVIDADES

1. Busca imágenes de diferentes animales y plantas que utilicen el color para camuflarse.

2. ¿Cómo crees que la naturaleza combina los colores afines de forma armónica? ¿Qué efecto visual se busca y con qué finalidad se utiliza?

3. Realiza con la herramienta Dibujo del programa Word una composición partiendo de los colores afines naranja, amarillo y verde.

   a) Dibuja figuras geométricas sencillas, algunas de ellas superpuestas.

   b) Pinta las superficies libres con los colores indicados.

   c) Clicando dos veces sobre cada figura aparecerá la ventana “formato de autoforma”. En la pestaña “colores y líneas” debes seleccionar la transparencia de color al 50 %.

   d) Comprueba la mezcla resultante que se produce al superponer los diferentes tonos.

4. Observa en el dibujo la relación de colores empleada: es una armonía de colores complementarios. La figura principal se ha pintado con tonos más puros, y en el fondo se han mezclado estos con otros tonos, y con blanco y negro. Realiza una composición con la misma idea y con tonos complementarios. Si lo deseas, puedes añadir también el blanco y el negro.

PRACTICA Amplía tus conocimientos sobre las relaciones que se establecen entre los colores siguiendo las pistas.

ACTIVIDADES FINALES

1. **En la siguiente obra, Piet Mondrian representa las calles de Nueva York a través de bloques o planos de color que recrean el dinamismo y ritmo rápido de las calles de la ciudad. En grupos, observad y analizad la obra.**

Piet Mondrian: *Broadway Boogie-Woogie*, 1943.

a) ¿Qué colores ha usado?

b) ¿Qué grado de saturación tienen esos colores?

c) ¿Cómo piensas que ha creado el dinamismo y la vibración en su pintura? Analiza las formas de la obra según el color, la iluminación y el tamaño que ocupan.

2. **En grupos, observad las siguientes obras de Vincent van Gogh. Analizadlas y responded a las siguientes preguntas.**

Bodegón 1. Vincent van Gogh: *Girasoles*, 1888.

Bodegón 2. Vincent van Gogh: *Jarrón con lirios*, 1889.

a) ¿Qué gamas cromáticas ha utilizado en el bodegón 1? ¿Y en el 2?

b) ¿Qué valor o grado de luminosidad predomina en el bodegón 1? ¿Y en el 2?

c) ¿Qué relación armónica existe entre los colores en cada caso?

d) ¿Qué efecto visual se obtiene a través de esta armonía de colores?

3. Realiza un paisaje con la luz de un día soleado, para ello, utiliza una gama cálida. Después, en otra hoja, dibuja el mismo paisaje con la luz nocturna, usando una gama cromática fría. Puedes observar en los bodegones de Van Gogh de la actividad anterior, la armonía de colores afines y la luminosidad de sus pinturas. Puedes utiliza ceras blandas, mezclarlas y difuminarlas para conseguir distintas tonalidades.

4. Observa la siguiente obra de Andy Warhol, uno de los artistas más importantes del *pop art*. El efecto visual en la obra es de gran fuerza, para ello ha usado un contraste armónico con colores complementarios con un grado elevado de saturación o pureza.

Andy Warhol: *Flores III*, 1970.

- Elige un objeto, cópialo varias veces para crear una composición parecida a la de Andy Warhol. Utiliza colores complementarios para realizar una obra con contraste y fuerza. Para ello, emplea témperas sobre un papel con cierto grosor resistente al agua.

5. En grupos, elegid uno de los artistas trabajados (Piet Mondrian, Vincent van Gogh o Andy Warhol) y buscad información sobre la biografía y la obra del artista elegido. Además, responded a las siguientes preguntas:

a) ¿Cómo usan el color en sus obras?

b) ¿Qué ideas crees que quieren transmitir?

c) ¿Qué sensaciones crees que quieren despertar en el espectador?

EL COLOR

Elemento del lenguaje plástico

COLORES

Círculo cromático

Se ordenan

Colores primarios
amarillo, azul
cian y magenta

Colores secundarios
rojo, verde, violeta

AMARILLO
NARANJA
ROSA
MORADO
AZUL
VERDE
MARRÓN
GRIS

CUALIDADES DEL COLOR

Tono
Nombre que se da a cada color

Valor
Grado de claridad u oscuridad que se da al color

Saturación
Grado de pureza del color

GAMAS CROMÁTICAS

Gama fría
Tonos verdes, azules y violetas

Gama cálida
Tonos rojos, naranjas y amarillos

Gama acromática
Blancos y negros

ARMONÍA DE COLORES

Colores afines
Colores próximos en el círculo cromático

Colores complementarios
Colores opuestos en el círculo cromático

Armonía de grises
Colores diversos mezclados con blanco y negro

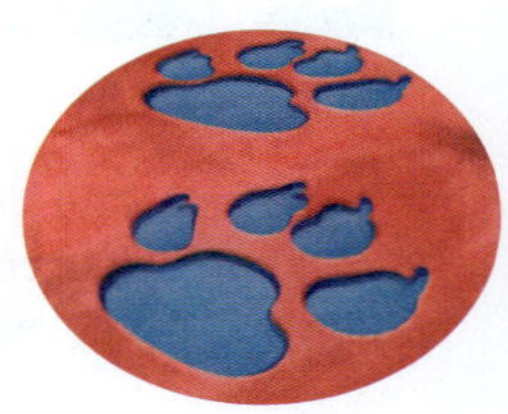

AUTOEVALUACIÓN

1. ¿Qué son los colores primarios? ¿Con qué nombres se los conoce?

2. Al proceso de mezclar los colores primarios y conseguir una sensación visual cercana al negro se le llama:

a) Mezcla luminosa.

b) Mezcla sustractiva.

c) Armonía de colores.

3. ¿De qué color es complementario el magenta? ¿Qué color es complementario del rojo? ¿Y del amarillo?

4. ¿Cuáles son las cualidades básicas del color?

5. Indica cuáles de los siguientes colores crees que presentan un alto grado de saturación.

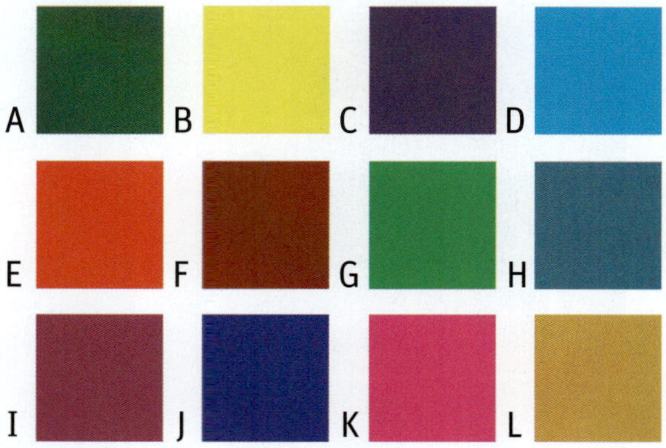

6. Observa esta imagen.

Georgia O'Keeffe: *Abstracción, rosa blanca*, 1927.

a) ¿En qué gama de color está representada?

b) ¿Cuál es el tono dominante?

7. Indica si la siguiente imagen es monocromática o policromática. Razona la respuesta.

8. Observa la siguiente composición pictórica hecha a base de amarillos y violetas.

¿Qué tipo de armonía presenta?

a) Una armonía de colores afines.

b) Una armonía de colores complementarios.

c) Una armonía de grises.

9. Describe la aplicación del color en este cuadro de Franz Marc.

Franz Marc: *Caballos azules*, 1911.

a) ¿Qué gamas cromáticas distingues?

b) ¿Qué sensación te transmiten los colores de esta obra?

c) ¿Cuáles son las cualidades de los colores utilizados por el artista?

d) ¿Qué relaciones armónicas aplica Franz Marc?

VALORA LO APRENDIDO Comprueba lo que sabes en la Autoevaluación.

3 EL LENGUAJE VISUAL

Anna Devís y Daniel Rueda (@anniset y @drcuerda): *Pareidolia*, 2018 (izda.). *Eggcellent*, 2017 (dcha.).

Daniel Rueda y Anna Devís

Son dos arquitectos, fotógrafos y publicistas (@drcuerda y @anniset) que publican sus trabajos en redes como Instagram, además de trabajar para grandes empresas y multinacionales.

En sus fotografías combinan la estética con los juegos visuales, el urbanismo y la geometría, además del sentido del humor. Anna y Daniel crean estas escenas sin el uso de software de edición de imágenes.

En esta unidad aprenderás...

- **La comunicación.** Las imágenes son formas de transmitir mensajes. En este caso, los fotógrafos emiten el mensaje que quieren que nosotros veamos y entendamos.
- **Finalidad de las imágenes.** A veces las imágenes transmiten ideas o anuncian cosas; en otras ocasiones su mensaje es, simplemente, mostrar la belleza o un juego estético.
- **La percepción visual.** Las personas percibimos las figuras según el fondo o cómo se relacionan entre sí. Los elementos que más destacan en estas fotografías lo hacen por su contraste con el fondo.
- **Significante y significado.** Sería difícil explicar una imagen que percibimos con la vista si esta no tuviese detrás un significado o una finalidad. Ese significado a veces cambia porque añadimos un mensaje escrito o un juego visual. ¿Qué figuras forman estas imágenes? ¿Qué significan? ¿Qué objetos o ideas se construyen en tu cabeza al mirarlas?

1 La comunicación

¿Qué es la comunicación visual?

La **comunicación visual** es un proceso a través del cual se transmiten mensajes por medio de imágenes. Estas pueden ser representaciones gráficas o tridimensionales, fijas o en movimiento, de figuras reales o imaginarias.

Para que pueda darse un proceso de comunicación visual es necesario que exista un **lenguaje visual**, un sistema de comunicación, que utiliza como medio de expresión las imágenes.

En el proceso de comunicación actúan varios elementos básicos.

Elementos básicos de la comunicación visual

El emisor. Es el transmisor que desea realizar la comunicación. Puede ser una persona o un grupo de personas. En este cartel, el emisor es el Gobierno de España.

El medio. Es el soporte o canal de comunicación a través del cual se transmiten los mensajes, como fotografías, medios informáticos o los grandes medios de comunicación de masas (prensa, televisión o cine). En este ejemplo, el medio de transmisión del mensaje es un cartel.

El receptor. Son las personas u organizaciones a quienes se dirigen los mensajes. Es un elemento fundamental en el proceso de comunicación, pues de él dependen el carácter que tiene que adoptar el emisor al transmitir el mensaje, el objetivo y la estructura de este. En este caso, sería el conjunto de jóvenes y adolescentes que viven en España.

El mensaje. Es la comunicación que el emisor quiere transmitir. Puede estar formado por diferentes estímulos visuales más o menos complejos: signos, colores, formas, etc. Distinguimos dos aspectos:

- **Objetivo del mensaje.** Lo que el emisor pretende conseguir a través de su imagen. En este caso, se pretende promocionar la vida activa y saludable.
- **Estructura del mensaje.** Es el contenido visual, la temática y el estilo artístico utilizado. En este caso, observamos un lema de la campaña publicitaria además de la información visual.

El código visual. Cada lenguaje visual utiliza su propio código que es el conjunto de signos y normas según los cuales se da significado a un mensaje visual. Para que el mensaje sea comprensible, emisor y receptor deben conocer y compartir el código visual.

El código incluye los logotipos, que son imágenes que se utilizan para que diferentes entidades se den a conocer y sean distinguidas por los receptores.

MATERIALES Y TÉCNICAS

- Lápices de grafito y de colores
- Rotuladores
- *Collage*

ACTIVIDADES

1. Observa el mensaje visual y responde en tu cuaderno:

a) Resume quiénes son el emisor y el receptor, y cuál es el mensaje y el medio utilizado.

b) ¿Cuáles son los elementos que indican igualdad? ¿Cómo es la vestimenta de los personajes y cómo los han colocado?

c) ¿Crees que el cartel cumple su finalidad?

2. Selecciona tres mensajes visuales de revistas o periódicos con una temática similar. Procura que su estructura esté realizada con colores vivos y figuras en movimiento. Después, realiza tu propio mensaje visual con recortes. Utiliza la misma temática y características.

Observa en este ejemplo una interpretación libre de anuncios publicitarios de estas características.

3. Diseña el logotipo de una juguetería. Comienza dibujando a lápiz formas simples y geométricas. Realiza varios bocetos, elige el que más te guste y perfecciona su forma con rotuladores.

OBSERVA Para ampliar tus conocimientos sobre la comunicación visual, observa el cortometraje.

2 Finalidad de las imágenes

Se puede establecer una clasificación básica de las imágenes según la finalidad que tengan. Distinguimos tres funciones principales: la informativa, la exhortativa, y la recreativa y estética.

Función informativa

Imagen identificativa. Simboliza la filosofía de una empresa o de un grupo de personas con la finalidad de ser reconocido y distinguido de otros (logotipos, banderas, etc.).

Imagen indicativa. Muestra el mensaje que se quiere transmitir a través de imágenes, signos o señales muy sencillos.

Imagen descriptiva. Define lugares o figuras, explicando sus distintas partes o cualidades, mediante un diseño simplificado (dibujos esquematizados, mapas, planos, etc.).

Imagen noticia. Acompaña los textos informativos y los anuncios de eventos (imágenes de prensa, carteles de festivales, actos sociales, etc.).

Función exhortativa

Imagen publicitaria. Trata de convencer al receptor para que haga lo que propone el mensaje. Se utilizan fundamentalmente en publicidad.

Las imágenes publicitarias van acompañadas, generalmente, de textos que ayudan a la comprensión y valoración del mensaje visual.

Función recreativa y estética

Imagen artística. Su objetivo es entretener y despertar admiración y capacidad de disfrutar con la belleza. Lo son cómics, ilustraciones, películas, obras de teatro, etc.

A través del tema que proponen, las imágenes artísticas buscan expresar sentimientos y transmitir una idea particular de la belleza.

MATERIALES Y TÉCNICAS

- Lápices de grafito y de colores
- Rotuladores
- Ceras

ACTIVIDADES

1. El objetivo de la imagen en el anuncio publicitario es atraer la atención del receptor para que se interese por el producto. En este ejemplo, se ha recurrido a una imagen artística como es una fotografía para componer una imagen con finalidad exhortativa, el cartel publicitario.

a) En grupos, buscad anuncios en los que se presente un producto a través de imágenes cinematográficas, de naturaleza, concursos y regalos, animales, ambientes fantásticos, etc. Cada uno buscará sobre una temática (anuncios de vehículos, de alimentos, de ropa, etc.).

b) Cada grupo presentará al resto de compañeros los resultados, analizando las diferentes imágenes empleadas para conseguir la función exhortativa.

2. Las siguientes imágenes tienen diferentes finalidades comunicativas, pero ambas utilizan la circunferencia como elemento compositivo básico para transmitir el mensaje.

a) ¿Qué finalidad tienen estas imágenes?

b) A partir de una forma básica, como el triángulo, realiza dos composiciones que tengan distintas finalidades. Puedes usar lápices de colores, rotuladores, ceras, etc.

3. Crea un mapa de metro de tu centro escolar con las paradas en cada zona de aulas, comedor o cafetería, biblioteca, sala de ordenadores, etc.

OBSERVA Puedes analizar en el vídeo cómo influye la publicidad en tu vida diaria.

OBSERVA Descubre por qué los mapas de metro fueron un gran invento de diseño.

3 La percepción visual

La **percepción visual** es el proceso en el cual una persona recibe un conjunto de estímulos visuales. Durante esa percepción, la persona selecciona formas y colores, los compara y los **interpreta**. Así pues, en la percepción de las imágenes no solo actúa el sentido de la vista, sino también la experiencia personal, los gustos, las motivaciones, etc. Todo esto fue estudiado a principios del siglo XX por la **corriente psicológica de la Gestalt** cuyos autores formularon las **leyes de la percepción visual** que explican cómo percibimos a través de estímulos visuales.

Principales leyes de la Gestalt

Figura y fondo. Observa y analiza la tendencia de separar la **figura** de una imagen y su **fondo**. La figura y el fondo sobre el que se **destaca** pueden intercambiar sus papeles (el fondo puede convertirse en figura y viceversa). Nunca veremos los dos a la vez. Cuando no se destaca algo, es **homogéneo**.

Cierre. Esta ley explica la tendencia de nuestro cerebro a **completar los espacios de una composición** cuando los elementos no llegan a cerrarse. Nuestro inconsciente genera los detalles que faltan y da uniformidad a las figuras, eliminando, a su vez, los detalles innecesarios.

Proximidad y semejanza. Cuando los **elementos visuales** se encuentran **cercanos** entre sí, llaman poderosamente la atención, percibiéndose como un conjunto. Este efecto se potencia si, además de estar próximos, los elementos visuales son iguales o semejantes entre sí.

Continuidad. Si varios elementos visuales se disponen en una **dirección** concreta, se percibe con gran claridad y rapidez la figura que marca dicha dirección. En la imagen de ejemplo, la dirección se aprecia no solo por cómo están agrupadas las orugas, sino también por la forma que tienen.

ACTIVIDADES

1. En este lienzo, el pintor Arcimboldo emplea un fondo homogéneo y oscuro, sobre el que destaca una figura formada por múltiples elementos vegetales agrupados y situados estratégicamente para que los percibamos como una misma forma.

a) Recorta imágenes de revistas con figuras semejantes de distinto o igual tamaño (frutas, zapatos, labios, letras, animales, etc.).

b) Realiza una composición que represente un animal, destacando el principio de la continuidad.

Giuseppe Arcimboldo: *La primavera*, 1573.

2. Importa a PowerPoint un paisaje desde internet y realiza sobre él una composición digital basándote en la ley de la Gestalt que más te haya llamado la atención.

3. Observa las líneas del dibujo. Comprueba si son o no paralelas utilizando una regla. ¿A qué crees que se debe la sensación de distorsión? Busca en la red otro juego visual y relaciónalo con una de las leyes de la Gestalt que has aprendido.

PRACTICA Aprende más sobre los efectos visuales analizando estas imágenes.

4 Significado y significante

El **significante** de una imagen es aquello que percibimos con la vista, el signo de la imagen, como la grafía *a* es el signo del sonido.

Para que un significante transmita un mensaje, hay que considerar también otros aspectos, como el **significado** y el **contexto**.

Contexto, significado y significante

El **significado** es el sentido real o simbólico que se quiere dar a un mensaje visual. Este término va siempre ligado al de **significante**, que se refiere al contenido visual de la imagen.

En la imagen, el significante está representado por los zapatos deportivos y un paisaje de playa, y su significado puede referirse a las características del calzado o a las posibilidades del paisaje.

El **contexto** es el conjunto de circunstancias o lugares en que se sitúa la comunicación visual. Dependiendo de estos, las imágenes pueden tener distintos significados.

El contexto en el que está situada la imagen puede cambiar su significado. Si apareciera sin texto u otros elementos visuales, la imagen nos podría sugerir paseos, deporte, entorno natural, etc. Sin embargo, si aparece como fondo de un anuncio de zapatos deportivos, las huellas se convierten en símbolo de ligereza y resistencia.

La **iconicidad** de una imagen es el grado de parecido que tiene respecto al objeto real que representa.

Grados de iconicidad y abstracción del significante

Auguste Rodin: *El beso*. 1889.

Grado de iconicidad alto. Imágenes realistas, que reflejan la realidad. Establece todas las propiedades del objeto y las identificamos. En este caso es una imagen tridimensional.

Gustav Klimt: *El beso*. 1907-1908.

Grado de iconicidad medio. Imágenes figurativas, que tratan de imitar modelos o formas naturales. Se busca la simplicidad al representar la imagen.

Constantin Brancusi: *El beso*. 1907.

Grado de iconicidad bajo. Imágenes abstractas, que no tratan de imitar modelos o formas naturales. Se reduce la imagen a los componentes visuales más básicos.

MATERIALES Y TÉCNICAS

- Lápices de grafito y de colores
- Rotuladores
- Óleos y acrílicos

ACTIVIDADES

1. **Trabaja por equipos con la importancia del contexto en la comunicación visual a través de este experimento:**

a) Seleccionad una imagen que os impacte. Puede ser un paisaje, un personaje haciendo algo, un objeto, etc.

b) Transformad la imagen en un anuncio publicitario con textos, logotipo de la empresa anunciante, etc.

c) Intentad que la imagen seleccionada anuncie un servicio o producto que sorprenda, que no se identifique directamente con la imagen elegida. Podéis pensar en las características del producto o servicio elegido para ayudaros.

d) Presentad a vuestros compañeros la imagen seleccionada originalmente y no tratada gráficamente. ¿Qué les sugiere? Después, mostrad vuestro anuncio publicitario y comparad las diferentes percepciones que han tenido según el contexto.

2. **Transforma una imagen desde un grado de iconicidad alto hasta un grado de iconicidad bajo.**

a) Grado de iconicidad alto: escoge una imagen realista o una fotografía. Imprime dos copias.

b) Grado de iconicidad medio: realiza una copia de la fotografía escogida con un estilo figurativo. Intenta ser lo más fiel posible a las proporciones y detalles de la imagen.

c) Grado de iconicidad bajo: recorta la fotocopia de la imagen realista y desplaza los fragmentos. Rellena los espacios completando la ilustración.

DESCUBRE EL ARTE Reflexiona sobre el poder de la comunicación visual con este vídeo.

1. En grupo observad y analizad los siguientes carteles.

Cartel 1.

Cartel 2.

a) ¿Quién crees que es el emisor? ¿Y el receptor?

b) ¿Cuál es el mensaje y el medio de transmisión utilizado?

c) ¿Qué tipo de imagen se ha usado para transmitir el mensaje en el cartel 2?

2. En grupos, cread un cartel para transmitir un mensaje en contra del acoso escolar dirigido a todos los alumnos de tu colegio. Cada grupo elegirá y utilizará materiales y técnicas que considere más adecuados para transmitir su mensaje: el dibujo, la pintura, la fotografía digital, el *collage*, etc. Los carteles se colocarán en diferentes puntos estratégicos del colegio para cumplir su función.

3. En grupos, fijaos en los siguientes carteles publicitarios y en la marca.

a) ¿Qué mensaje desea transmitir cada marca con su logotipo y su publicidad?

b) ¿Cuál es el significante y el significado de cada anuncio publicitario?

c) Observad el fondo que han elegido ambas marcas para sus carteles publicitarios. Comentad qué tienen en común e indicad dónde se encuentra la zona más luminosa de cada uno de ellos y explicad qué efecto se consigue con ello.

d) ¿Dónde están situados el texto y el logo de las marcas en cada cartel? ¿Por qué?

4. Crea tu propio logotipo de zapatillas deportivas y un cartel publicitario que logre transmitir un mensaje de los beneficios de hacer deporte para nuestra salud.

a) Primero, haz varios bocetos del logotipo y, cuando lo tengas, repásalo o píntalo con rotuladores para añadirlo, después, a tu cartel publicitario.

b) Crea el cartel y piensa en la organización y la imagen que utilizarás para transmitir tu mensaje (significante, significado y contexto). Puedes utilizar diferentes materiales y técnicas: *collage*, lápices y rotuladores de colores.

5. Las leyes de la percepción visual formuladas por la Gestalt son a menudo utilizadas en publicidad y márquetin. Observa los siguientes carteles publicitarios y coméntalos en grupo: ¿Qué leyes de la teoría de la Gestalt se han usado en cada uno de ellos?

6. Investiga sobre artistas que recurren a materiales de reciclaje para crear sus obras y para concienciar sobre la cantidad de residuos que producimos diariamente.

En grupo, cread un mural con materiales de desecho. Podéis invitar a otras clases del colegio a participar. Cada alumno irá aportando material: tapones de plástico, tapas, botellas, CD, etc. Elegid una imagen que transmita un mensaje de concienciación y luego recreadla con los materiales de reciclaje.

LENGUAJE VISUAL

La comunicación visual es un proceso por el cual se transmiten mensajes por medio de imágenes

ELEMENTOS BÁSICOS

- **Emisor/a**
  Persona que transmite el mensaje
- **Receptor/a**
  Persona que recibe el mensaje
- **El mensaje**
  Soporte o canal de comunicación
  - **Objetivo**
    Qué se pretende
  - **Estructura**
    Contenido, temática y estilo
- **El mensaje**
  Comunicación que se transmite
- **El código visual**
  Signos que dan significado

FINALIDAD DE LAS IMÁGENES

- Función **informativa**

  - Identificativa
  - Indicativa
  - Descriptiva
  - Noticia
- Función **exhortativa** → Publicitaria

- Función **recreativa y estética** → Artística

PERCEPCIÓN VISUAL

- Se reciben **estímulos visuales**
- Se **interpretan** formas y colores
- Gestalt: **leyes de percepción visual**

PRINCIPALES LEYES DE LA GESTALT

- **Figura y fondo**
  Separación de la figura y su fondo
- **Cierre**
  Completar los espacios
- **Proximidad y semejanza**
  Percibir conjunto
- **Continuidad**
  Rapidez en percibir elementos que marcan una dirección

SIGNIFICADO Y SIGNIFICANTE

- **Significado**
  Sentido del mensaje visual
- **Significante**
  Contenido de la imagen
- **Contexto**
  Circunstancias que dan sentido
- **Iconicidad**
  Grado de parecido al objeto real que representa

Alta:

Media:

Baja:

AUTOEVALUACIÓN

1. ¿Qué se entiende por comunicación visual?

2. Indica los elementos básicos de la comunicación visual.

3. ¿Cuáles son las finalidades básicas de las imágenes? Haz una descripción de la siguiente fotografía y señala su función.

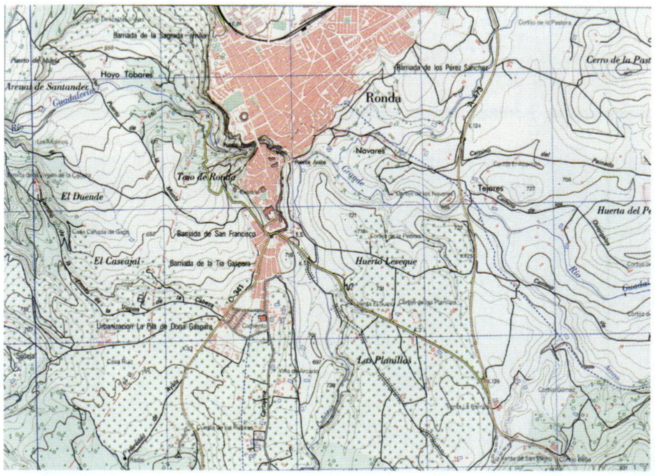

4. Estos dos mensajes van dirigidos a diferente tipo de público. ¿Hacia quiénes crees que están orientados? ¿Dónde crees que podríamos encontrarnos con estos carteles?

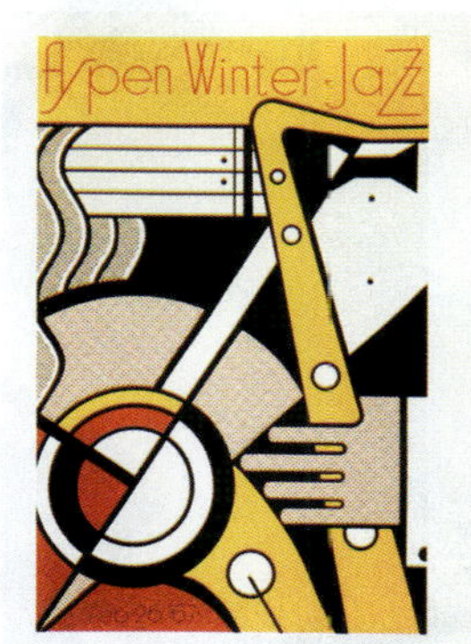

630. Roy Lichtenstein: Jazz festival in Aspen.

5. Observa la siguiente imagen.

- ¿Qué reglas establece el código visual para imágenes indicativas como esta?

6. ¿En qué se basan las leyes de la Gestalt?

7. Observa la siguiente fotografía.

a) ¿Hay algún elemento que destaque sobre el resto?

b) ¿Qué efecto visual se utiliza para atraer la atención?

8. ¿Qué percibes en esta imagen?

- ¿Qué principio de las leyes de la Gestalt se observa?

9. Diferencia entre significado y significante. ¿Qué es el contexto de una imagen?

10. ¿Cuál es el grado de iconicidad de estas imágenes? ¿Por qué?

a)

b)

VALORA LO APRENDIDO Comprueba lo que sabes en la Autoevaluación.

4 EL CÓMIC

Hergé: *Las aventuras de Tintín. Stock de coque*, 1956. Editorial Juventud

Georges Rémi, "Hergé" (1907-1983)

Georges Rémi fue un gran dibujante de cómic del siglo pasado. Rémi firmaba la mayoría de sus obras como "Hergé", que es la palabra que forma el sonido de sus iniciales, R y G, en francés.

La obra más reconocida de Hergé es *Tintín*, un cómic que apareció en 1929 en un periódico y que pronto se publicó de forma independiente. Su personaje ha llegado a protagonizar 23 álbumes de cómic y varias películas.

En esta unidad aprenderás...

- **El origen del cómic.** Como *Tintín*, los primeros cómics nacieron de las viñetas cómicas de los periódicos.
- **Géneros y estilos del cómic.** *Tintín* es un cómic de aventuras. Otros géneros del cómic son sátira, ciencia ficción, superhéroes o drama. ¿Cuál es tu favorito?
- **La estructura de un cómic.** Esta imagen es una viñeta de un álbum de *Tintín*. Cada viñeta es la escena mínima en que se divide la narración de un cómic.
- **La figura humana y los personajes.** Tintín es un personaje de apariencia esquemática, pero guarda la proporción de la figura humana.
- **La sensación de movimiento.** Las líneas bajo los pies de los personajes o las espirales de esta viñeta nos indican movimiento.

1 El origen del cómic

Desde sus orígenes, las personas han buscado representar sus vivencias y aventuras en dibujos. El cómic es una forma de conectar ese deseo de contar con el arte de dibujar.

¿Qué es un cómic?

Un **cómic** es una **secuencia de ilustraciones o viñetas que cuentan un relato**. Se llaman cómics porque en origen eran historias cómicas, de humor, pero hoy día pueden ser tristes, alegres, históricas o lo que desee el autor.

Mucho antes del cómic

El cómic surgió en el siglo XIX, aunque hay numerosos **antecedentes** de ilustraciones de relatos.

Desde los orígenes del arte, los artistas han narrado **historias cotidianas o sagradas**. Muchas veces, esas imágenes servían para comunicarse con quienes no conocían la escritura.

En los relieves de la columna de Trajano, en Roma, se representan hazañas militares con un gran realismo.

En algunas pinturas medievales, como las de Valdeolea, Cantabria, se incluyen textos en bandas que salen de los personajes.

Las culturas de la América precolombina utilizaban las ilustraciones para narrar acciones. Es el caso de este códice azteca.

La evolución hacia el cómic después de la imprenta

Tras la aparición de la imprenta, se multiplicaron las **ilustraciones satíricas y** los **grabados**. En el siglo XIX las sátiras alcanzaron un éxito sin precedentes.

Al principio, las viñetas contenían una ilustración muda o un **texto explicativo**. Más adelante surgieron los **bocadillos**.

Los textos cerca de los personajes que surgieron en las ilustraciones del siglo XVIII fueron el origen de los globos de texto o bocadillos.

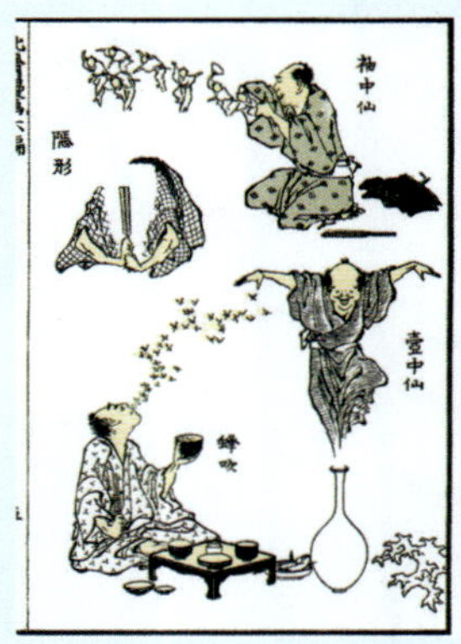

Hokusai fue un pintor japonés del siglo XIX que realizaba estampas a las que añadía textos que explicaban la escena.

La influencia del cine en el cómic

Por influencia de la **narración cinematográfica**, los cómics pasaron de protagonizar una sola viñeta a contar **historias más largas**.

Para ello, usaban tres o cuatro viñetas con un personaje común que formaban una **tira**.

Esta tira de Peanuts, *protagonizada por Charlie Brown y Snoopy y creada por Charles Schulz, presenta cuatro viñetas.*

MATERIALES Y TÉCNICAS

- Dibujo a mano alzada
- Lápices de colores

ACTIVIDADES

1. Los muros de los templos egipcios tienen numerosas representaciones de figuras que cuentan el contenido de un hecho en secuencias. Observa estos frescos.

a) ¿Qué piensas que representa esta escena? Escribe una breve historia sobre esta representación egipcia.

b) Los egipcios pintaban las figuras con el cuerpo de perfil, pero los hombros y el ojo de frente. Intenta usar esta forma de representación de la figura humana para dibujar tres o cuatro viñetas en las que desarrolles la historia que has inventado.

c) Utiliza globos de texto para expresar las ideas de los personajes.

2. Los primeros cómics estaban inspirados en las viñetas cómicas de los periódicos del siglo XIX. Analiza el ejemplo.

a) Observa esta viñeta. ¿Qué representa? ¿Te parece graciosa? ¿Por qué?

b) Busca una viñeta cómica en un periódico actual y tráela a clase. Con tus compañeros, intenta analizarla. ¿Cuál es su temática? ¿Qué quiere decir el dibujante? ¿Es satírica?

c) ¿Qué situaciones te suelen parecer graciosas en un cómic? ¿Cómo logra el autor del cómic que te rías?

Wilhelm Busch: *Max y Moritz,* 1865.

3. Los *storyboards* son guiones cinematográficos dibujados en los que se representan las escenas que se quieren grabar. Prepara una secuencia.

a) Dibuja una secuencia de cuatro acciones que puedas hacer con tu familia o amigos. Usa cuatro viñetas.

b) A continuación, graba las escenas.

c) En clase, intercambia tu guion y tu grabación con otro alumno o alumna. ¿Puedes comprender su historia? ¿Entiende tu relato la otra persona?

2 Géneros y estilos del cómic

En el mundo se han desarrollado distintos estilos y géneros de cómic. Algunos ejemplos destacados son los de Estados Unidos, Japón y Europa.

Estados Unidos

Ha sido el lugar de origen de muchos **géneros** del cómic, como la ciencia ficción, el terror, el romance o los temas del oeste. En el cómic estadounidense destacan dos tipos de **personajes**:

- De apariencia **realista**, seria y estilizada, alejada de las caricaturas, como *Flash Gordon*, *Superman* o *Batman*.
- Los ***funny animals***, animales que actúan como personas, como *Mickey Mouse* o *Snoopy*.

Ambas corrientes han llegado a protagonizar **series y películas**.

Flash Gordon *fue creado en 1934 por Alex Raymond.*
Mickey Mouse *nació en 1928 para la compañía de Walt Disney.*

Japón

El cómic más característico de Japón es el llamado **manga**. Se trata de dibujos caricaturescos que durante muchos años solo se imprimieron en blanco y negro. Algunos de los más conocidos son *Mazinger Z*, *Bola de Dragón* o *Candy Candy*.

El cómic manga llevado al cine es conocido como **anime**.

Mazinger Z *fue creado por el dibujante Go Nagai en 1972.*
Candy Candy *surgió en 1975 de las creadoras de manga Keiko Nagita y Yumiko Igarashi.*

Europa

En Europa, el estilo más importante de cómic ha sido el **francobelga**. Son historias de **aventuras** con un punto cómico dibujadas con un **trazo sencillo y limpio**. Es característico de estos cómics que los protagonistas cuenten con una **mascota inteligente**.

Los más populares son: *Tintín*, *Lucky Luke* y *Astérix*.

Lucky Luke *fue creado por el dibujante belga Morris para la revista* Spirou.
Tintin *fue creado en 1930 por el también belga Hergé.*

España

Las primeras revistas de cómic en España surgieron a principios del siglo XX; la **revista *TBO*** (1917) fue la que dio nombre al cómic español.

Tras la Guerra Civil, el cómic español experimentó un enorme desarrollo, pero se vio limitado por la censura del momento. En esa época surgieron cómics de **aventuras** como *El guerrero del antifaz* o *El capitán Trueno* y, poco más tarde, *Zipi y Zape* y *Mortadelo y Filemón*, publicados ambos por la revista *Bruguera*.

En Mortadelo y Filemón*, 1958, Ibáñez rompió la estructura de las viñetas, dando un aspecto menos rígido y más expresivo.*

MATERIALES Y TÉCNICAS

> Lápices de colores y rotuladores

ACTIVIDADES

1. **Fíjate en la transformación entre la primera y la última versión de estos dos personajes.**

a) En origen, *Snoopy* y *Garfield* tenían una apariencia animal más marcada, pero, con el paso del tiempo, sus ilustradores los humanizaron. ¿En qué se aprecia el acercamiento de estos animales al comportamiento humano?

Charles Schulz: *Snoopy*, 1950.

Jim Davis: *Garfield*, 1978.

b) ¿Cómo se denomina el género del cómic que representan *Snoopy* y *Garfield*? ¿En qué país se originó?

c) Tanto *Snoopy* como *Garfield* han sido llevados a las pantallas en formato de dibujos animados. Visualiza un capítulo y comprueba en qué aspectos están humanizados.

2. **El dibujante Max hizo un cómic inspirado en los personajes del tríptico *El jardín de las delicias*, del Bosco.**

a) Accede a la web del museo del Prado. Busca la pintura del Bosco y compárala con la viñeta de Max.

b) Después, elige otra pintura y crea tu propia viñeta de cómic inspirada en ella.

3. **Piensa en una mascota que conozcas y haz un primer boceto a lápiz en una hoja. Haz una segunda versión, personificándola, usando esta vez rotuladores de color.**

4. **Compara los personajes de estos dos ejemplos de cómic.**

Portada del cómic Bola de Dragón, *1984-1995, de Akira Toriyama.*

Portada de una de las primeras publicaciones de Batman y Robin *(1940), de* DC Comics.

a) ¿De qué países son? ¿Cómo es el cómic en esos países?

b) ¿Qué diferencias y similitudes encuentras entre ambos?

c) Crea tu propio héroe o heroína.

3 La estructura de un cómic

» ¿Qué es la novela gráfica?

Una **novela gráfica** es una **historia extensa** contada en forma de cómic, que se presenta agrupada en forma de libro. Contiene historias complejas en las que se estudian a fondo los personajes y el guion, y muchas se escriben e ilustran para un **público adulto**.

Los elementos del cómic

El cómic puede estar protagonizado por **personas** o por **animales y personajes fantásticos** que, normalmente, actúan, hablan y se relacionan como una persona. Para contar su historia, se utilizan **elementos narrativos** que acompañan a los personajes, como la viñeta, los bocadillos, las onomatopeyas, las líneas cinéticas, las cartelas o cartuchos y las metáforas visuales.

Cartela. Es el texto con la voz del narrador. Se coloca en la parte superior de la viñeta dentro de un rectángulo.

Globos o bocadillos. Nos transmiten lo que dicen y piensan los personajes. Si el personaje susurra, la línea del globo es discontinua; si grita o llora, es quebrada o con lágrimas alrededor; cuando piensa, el rabillo del globo tiene círculos.

Gosciny y Uderzo: *Astérix en Bretaña,* 1986.

Viñeta. Es la unidad visual de la narración y en su interior encontramos imágenes y texto. Se leen sucesivamente y van contando la acción de la historieta.

Metáforas visuales. Representan estados de ánimo, ideas o sensaciones. En este caso indica que los personajes no entienden algo.

Onomatopeyas. Identifican ruidos o sonidos y se representan con dibujos o letras grandes y expresivas.

Líneas cinéticas. Acompañan a objetos o personajes para dar sensación de movimiento.

MATERIALES Y TÉCNICAS

- **Rotuladores**
- **Lápices de colores**
- **Pintura a la témpera**
- **Ceras**

ACTIVIDADES

1. Crea tu cómic usando todos los recursos que has estudiado. Antes de comenzar, consulta cómics que te gusten y observa la distribución de las viñetas, el tamaño y qué recursos gráficos se emplean. Revisa también los tipos de planos que estudiaste en la unidad de la fotografía y el cine, y usa un plano distinto en cada viñeta. Después, sigue estos pasos:

- Dibuja tres viñetas en la que uses todos los elementos narrativos del cómic.
- Repasa el dibujo final con rotulador negro y aplica el color con una técnica húmeda.

2. Elige la fotografía de un personaje de una revista y crea un cómic.

- Traslada la figura a un papel de dibujo usando papel carbón. Para ello, coloca la fotografía sobre el papel carbón y este sobre el papel de dibujo y dibuja sobre la foto haciendo presión con el lápiz. El dibujo quedará sobre el papel.
- Completa las texturas del pelo y de la ropa y crea un fondo para la figura.
- Añade los elementos del cómic que consideres más apropiados para el dibujo resultante.
- Aplica el color con lápices de color o ceras.

3. Elige una tira de cómic y fotocópiala.

- Recorta las viñetas y pégalas en orden sobre un papel quitando una o dos de ellas, según lo larga que sea la tira. Después intercambia las viñetas con un compañero.
- Cada uno completará las viñetas vacías que reciba con lo que imagine que sucede en ellas. A continuación, comprobad si se parecen o no a las originales.

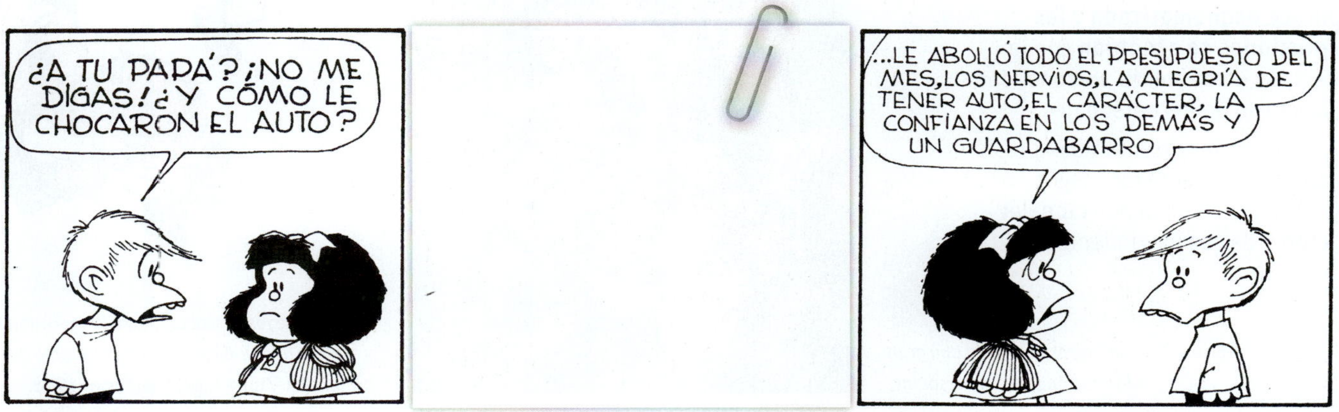

Quino: *Mafalda*, 1964-1973.

PRACTICA Puedes intentar reconocer las metáforas visuales en este juego.

4 La figura humana y los personajes

La representación de la figura humana

La libertad del cómic permite jugar con las **proporciones y medidas** de la figura humana y trabajar la **plasticidad** y los **gestos** más exagerados.

Representar el cuerpo

Si queremos representar **figuras proporcionadas**, buscamos la **relación de medidas** entre las diferentes partes del cuerpo y entre cada parte con la totalidad. En general, se puede usar la cabeza como **unidad de medida**, aunque las proporciones cambiarán según la edad, la altura, la estructura ósea, la gordura o la delgadez.

Para dibujar una **figura desproporcionada**, se exagera una de las partes. Es un recurso habitual en el cómic.

Según sea el cuerpo, podemos repetir la medida de la cabeza 8, 7 o 6 veces.

El gesto y la expresión

En el cómic, **la figura humana aparece esquematizada** y **las expresiones se acentúan** con la intención de definir la personalidad y la actitud de los personajes.

A la hora de representar la expresión, se tienen en cuenta los rasgos faciales, así como la posición del cuerpo y de sus movimientos.

En el cómic, la expresión nos da una gran información sobre el personaje.

El dibujante José Escobar utiliza la expresión facial y el gesto para indicar el estado de ánimo de sus personajes Zipi y Zape*, creados en 1948.*

MATERIALES Y TÉCNICAS

- Lápices de colores
- Rotuladores

ACTIVIDADES

1. **Sigue los pasos para dibujar una figura proporcionada:**

- Hazte una fotografía de pie, imprímela y pégala en la parte izquierda de un papel de dibujo.
- Traza sobre ella la cuadrícula para ver cuáles son tus proporciones.
- Dibuja, a la derecha, la misma cuadrícula y traslada la figura de tu fotografía.
- Repite la acción usando una medida de cuatro cabezas. ¿Qué sucede?

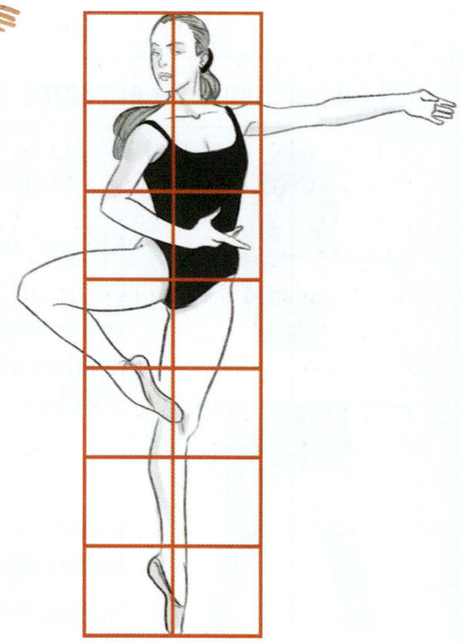

2. **Dibuja dos siluetas humanas, una de un hombre y otra de una mujer. Utiliza las unidades de medida que consideres más adecuadas en cada caso.**

- Incluye en una figura gestos de sorpresa y, en la otra, gestos de pasar calor.
- Añade en los bocadillos la metáfora visual que creas conveniente para reforzar el mensaje.
- Completa ambos dibujos con lápices de colores.

3. **Dibuja en tu cuaderno tres viñetas con personajes desproporcionados. Usa los bocadillos que se dibujan aquí. Elige si quieres hacer una narración divertida o seria, y completa la tira. Después, colorea con rotuladores.**

PRACTICA Para repasar, puedes jugar a identificar más expresiones visuales.

5 La sensación de movimiento

La representación del movimiento

Para representar la figura humana es necesario comprender los mecanismos del cuerpo y poder expresar así la **estabilidad** o el **movimiento**. Para ello, usamos **tres ejes** principales que trazamos sobre el cuerpo humano.

El movimiento en el cuerpo humano

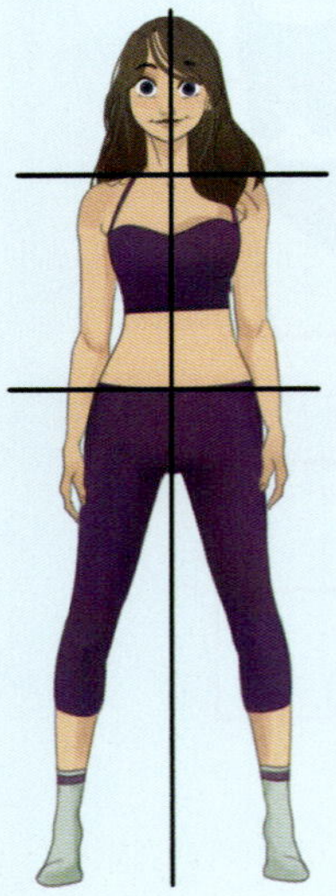

Eje vertical

Coincide con el eje de simetría del cuerpo.

Dos ejes horizontales

Uno que pasa por los hombros y otro por las caderas.

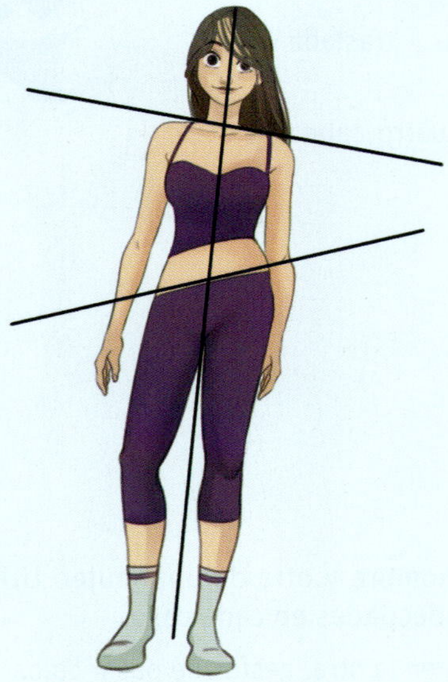

Cuando adoptamos una postura estable y firme, apoyamos el peso en los dos pies. Las líneas de las caderas y de los hombros quedan, entonces, paralelas al suelo.

Si apoyamos el peso en un lado del cuerpo, como en una postura de descanso, la línea vertical permanece recta, pero las líneas horizontales se inclinan en direcciones opuestas.

Si estamos en movimiento o en una posición inestable, la línea vertical puede inclinarse o partirse. Las líneas de hombros y las caderas tambien se inclirían en ángulos muy marcados.

El movimiento en el cómic

En los personajes de cómic, además de aplicar los recursos para generar la idea de movimiento con el cuerpo, se añaden otros recursos propios como **las líneas cinéticas y las imágenes múltiples**. Con estos recursos se consigue dotar de **dinamismo** y **énfasis** la narración sin necesidad de añadir texto. Las líneas cinéticas también se pueden aplicar para **dar expresividad a un personaje**.

Para marcar la trayectoria y la velocidad de un objeto podemos usar las líneas cinéticas curvas o rectas, como sucede en la viñeta de la izquierda.

En ambos ejemplos, las líneas cinéticas curvas alrededor de la cabeza dan efecto de atontamiento y líneas quebradas sobre la cabeza indican enfado.

MATERIALES Y TÉCNICAS

- Ceras
- Lápices de grafito
- Rotuladores

ACTIVIDADES

1. En parejas, volcad un poco de acuarela en una cartulina y haced varias manchas. Una vez seca, buscad personajes entre las formas creadas y dibujadlos con ceras.

Ahora a la inversa: dibujad figuras al azar con cera blanca sobre una cartulina y luego cubridla con acuarela. Veréis que aparecen muchas figuras para un cómic.

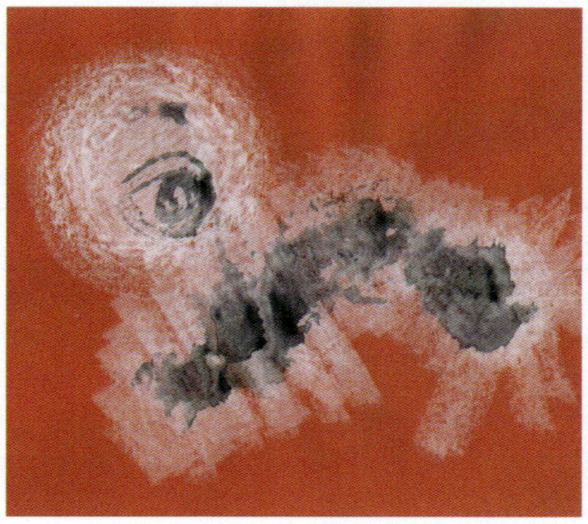

2. Sigue los pasos para crear una **novela gráfica grupal**. Ten cuenta todos estos aspectos.

1. **El género.** Antes de empezar, decidid si se tratará de un cómic romántico (o de aventura, drama, cómico, de terror, de ciencia ficción, etc.). Podéis inspiraros en una novela, en una serie, en una película, etc.
2. **La estética.** En función de esa decisión, pensad la estética que tendrán vuestros personajes: jóvenes, mayores, realistas, cómicos, de fantasía, etc.
3. **La personalidad.** ¿A qué se dedican los personajes? ¿Cómo visten? ¿Serán serios o graciosos? ¿Qué necesitan para que haya acción entre ellos?
4. **Los bocetos.** Una vez fijada la personalidad de cada personaje, hay que dibujarlos. Repartid los personajes y haced varios bocetos rápidos en grafito, sin descartar ninguno. Imaginad cómo hablan y se mueven. Entre todos seleccionad los que más os gusten y decidid qué elementos faltan para definirlos.
5. **El movimiento.** Cuando ya estén decididos los personajes, hay que darles movimiento. Pensad en la historia de vuestro cómic y organizad una sesión de poses rápidas entre vosotros de frente, perfil, espalda, sentado, de pie.

   Tomad notas de los esquemas de movimiento que creéis y guardadlos como un repertorio de poses de cada personaje, y así poder situarlos en acción y definir mejor sus gestos.
6. **El texto.** Elaborad el boceto de vuestra novela gráfica y añadid el texto y los personajes que consideréis.
7. **El resultado.** Completad vuestro cómic con los elementos de movimiento y expresión necesarios. Repasad con rotulador y, después, aplicad el color. Podéis encuadernarlos y completar con ellos la biblioteca de aula.

Brandon McKinney, ilustrador de cómics como Godzilla, *explicando cómo trabajar la figura humana.*

ACTIVIDADES FINALES

1. Lee la siguiente tira cómica de *Calvin y Hobbes* creada por el americano Bill Watterson.

- Piensa en alguna anécdota o situación que hayas vivido y conviértela en una tira cómica compuesta por cuatro viñetas en las que aparezcan los diferentes elementos del cómic. Representa los personajes a través de un dibujo esquemático en blanco y negro, siguiendo el estilo de la tira de *Calvin y Hobbes*. Primero dibuja a lápiz y, cuando ya lo tengas, repasa con rotulador negro.

2. Dibuja, midiendo a ojo, una figura del natural que pose en clase. Traza un eje para situar el espacio que ocupará en el papel de dibujo y, teniendo en cuenta las proporciones estudiadas, haz las divisiones necesarias. Por último, dibuja con líneas aproximadas el contorno del modelo y algún detalle para su acabado.

3. Observa el siguiente vídeo (www.e-sm.net/sngpl1eso_01) de un *storyboard* de la película *Star Wars* de Lego. En grupos, pensad en una película que os guste, elegid una escena y realizad el *storyboard* de una secuencia. Utilizad rotuladores y lápices de colores o témpera y rotuladores.

4. Observa las siguientes expresiones faciales. ¿Qué te sugiere cada una de ellas?

- Crea un personaje y dibújalo según los siguientes estados de ánimo: enfadado, aburrido, sorprendido, contento, enamorado, etc.

5. Busca en internet imágenes de superhéroes y superheroínas y observa cómo están representados sus cuerpos. Después, dibújate a ti mismo como superheroína o superhéroe e inventa también una indumentaria y superpoderes. Utiliza rotuladores y lápices de colores.

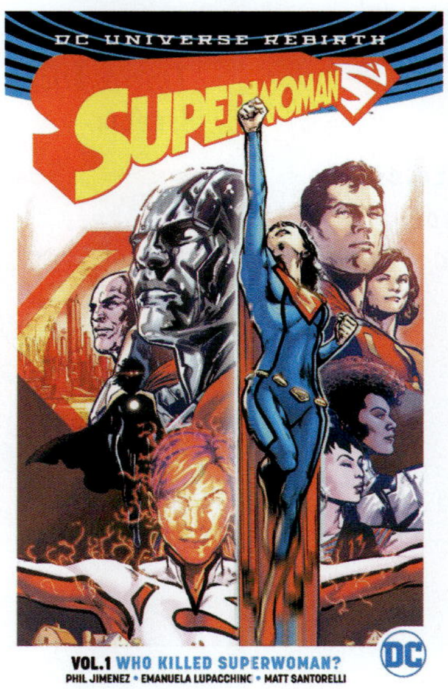

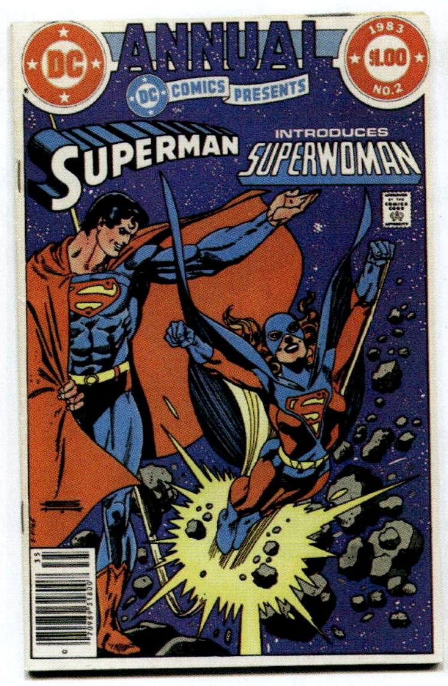

6. En grupos de 4 o 5 alumnos, elaborad un cómic con los superhéroes y superheroínas creados en la actividad anterior, con una extensión máxima de 9 páginas. Utiliza todos los elementos de cómic necesarios para crear movimiento y acción en los personajes y escenas (diferentes tipos de bocadillos, onomatopeyas, metáforas visuales, líneas cinéticas, cartelas, etc.). Para coger ideas, podéis consultar cómics y observar cómo está representado el movimiento en los cuerpos.

EL CÓMIC

Es una secuencia de imágenes que cuentan una historia

Novela gráfica

Historia de cómic más extensa y en forma de libro

ORIGEN

- Siglo XIX
- Texto: evolución de explicación muda a bocadillos de texto
- Influencia de *Storyboards*

GÉNEROS Y ESTILOS

ESTADOS UNIDOS

- **Géneros**
  Ciencia ficción, terror, romance, oeste
- **Personajes**
  Apariencia realista y seria
- **Títulos**
  Flash Gordon, Superman o *Batman*
- ***Funny animals:***
  Mickey Mouse o *Snoopy*

JAPÓN

- **Géneros**
  Manga
- **Personajes**
  Caricaturescos y ojos grandes
- **Títulos**
  Mazinger Z, Bola de Dragón o *Candy Candy*

EUROPA

- **Géneros**
  Aventuras, humor. Estilo francobelga
- **Personajes**
  Acompañados de mascota inteligente
- **Títulos**
  Tintín, Lucky Luke o *Astétix*

ESPAÑA

- 1917: **TBO**
- **Género aventuras:**
  El Guerrero del Antifaz, Capitán Trueno
- **Otros títulos:**
  Zipi y Zape, Mortadelo y Filemón

ELEMENTOS

- Cartela
- Globos o bocadillos
- Líneas cinéticas
- Viñeta
- Metáforas visuales
- Onomatopeyas

REPRESENTACIÓN DE LA FIGURA HUMANA Y LOS PERSONAJES

- **Proporciones y medidas** del cuerpo: Cabeza como unidad de medida
- Gestos **exagerados**
- **Expresión** y personalidad

AUTOEVALUACIÓN

1. Describe qué es un cómic. ¿Cuál es su unidad narrativa?

2. ¿Qué crees que representa este relieve?

- Inventa una historia y ponle globos de texto para expresar las ideas de los personajes.

3. Observa y analiza los siguientes personajes de cómics.

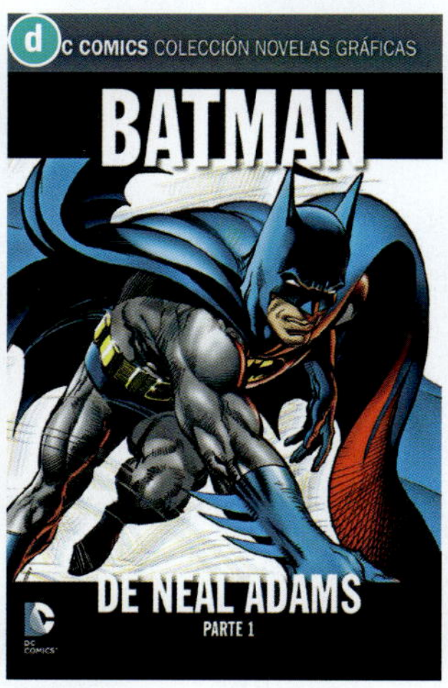

a) ¿Qué personaje tiene su origen en Estados Unidos?

b) ¿Qué personaje es de un cómic manga? ¿De qué país es originario el manga?

c) ¿Qué diferencias encuentras entre los protagonistas b y c?

4. ¿Qué son los *funny animals*?

5. Observa la siguiente fotografía.

- Convierte el animal en un personaje de cómic. Acércalo al comportamiento humano y crea una tira de cuatro viñetas en el que el personaje sea el protagonista.

6. Observa los siguientes bocadillos de texto.

a

b

c

Indica qué representa cada uno de ellos:

1. Pensamiento.
2. Diálogo.
3. Grito.

7. Busca un dibujo de cuerpo entero de un personaje de cómic que te guste. Imprímelo y traza sobre la imagen una cuadrícula para ver sus proporciones. Después, hazla en un papel y dibuja sobre ella al personaje.

8. Dibuja el personaje de cómic de la actividad anterior en una posición de movimiento. Utiliza líneas cinéticas para darle expresividad.

VALORA LO APRENDIDO Comprueba lo que sabes en la Autoevaluación.

5 LOS TRAZADOS GEOMÉTRICOS

Fundación Vasarely en Aix-en-Provence, Francia.

Victor Vasarely
(1906-1997)

Victor Vasarely nació en Hungría en 1906. Allí comenzó la carrera de medicina, pero pronto la abandonó para formarse como artista. Más tarde se trasladó a Francia, donde trabajó en diseño gráfico y publicidad.

En sus obras, usó ilusiones ópticas, como perspectivas aparentes y efectos visuales logrados con la combinación de formas y colores. Estos comienzos, unidos a su interés por el arte abstracto y la geometría, le llevaron a desarrollar un nuevo estilo artístico conocido como *op art* o arte óptico.

Vasarely, que fundó museos y escuelas, fue un artista muy reconocido en vida. Murió en París en 1997.

En esta unidad aprenderás...

- **La geometría y sus elementos.** En la obra de Vasarely aquí reproducida, puedes observar cómo se utilizan trazados geométricos para jugar con las apariencias y los volúmenes.
- **Trazados de rectas y ángulos.** En el arte abstracto, los artistas como Vasarely utilizan técnicas e instrumentos del dibujo técnico. Sin ellas, no es posible el trazado de las líneas rectas, curvas y diferentes tipos de ángulos.
- **Otros trazados: la circunferencia y el círculo, óvalos y ovoides, y espirales y tangencias.** En esta obra de Vasarely puede parecer que vemos una esfera, pero se trata de trazados sobre un plano: la apariencia de esfera se consigue con el trazado de la circunferencia y el círculo.

1 La geometría y sus elementos

PRACTICA Profundiza tus conocimientos sobre la utilización de los instrumentos de dibujo.

Instrumentos de dibujo técnico

Los dibujos geométricos se realizan con material específico, ya que requieren de gran precisión. Entre los principales instrumentos de dibujo técnico destacan: compás, regla, plantillas, transportador de ángulos y estilógrafos.

Principales instrumentos de dibujo técnico

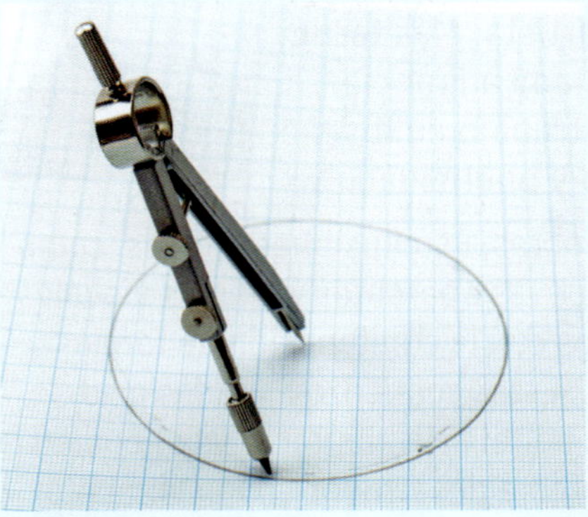

El **compás** es un instrumento que se utiliza para dibujar circunferencias y arcos de circunferencia. También se usa para tomar y trasladar medidas.

La **regla graduada** se utiliza para trazar líneas rectas y tomar medidas. Es importante mantener el canto de la regla limpio y evitar arrastrar la tinta después de trazar una recta.

La **escuadra** en una plantilla con forma de triángulo isósceles, y el **cartabón**, escaleno. Sirven para trazar rectas paralelas, perpendiculares o que formen diferentes ángulos.

Geometría y elementos geométricos

OBSERVA Aprende más sobre cómo funciona la geometría en la naturaleza.

La palabra **geometría** significa “medición de la tierra” y procede del griego *geo* (tierra) y *metrón* (medida). Es una parte de las matemáticas que estudia las propiedades de los puntos, líneas, planos y volúmenes, y las relaciones que se establecen entre ellos en el espacio.

Los elementos básicos de la geometría son: el punto, la línea y el plano.

Elementos básicos geométricos

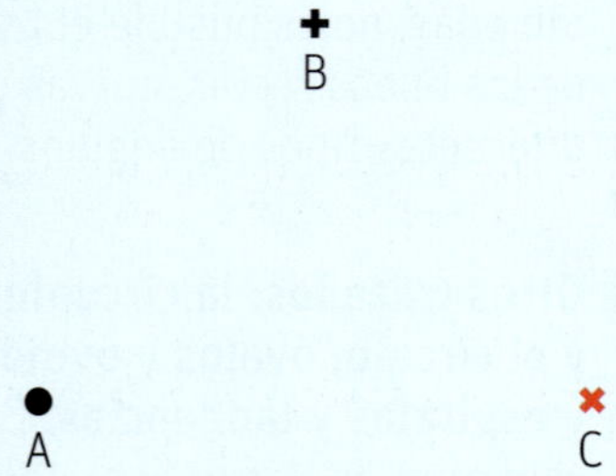

El **punto** se representa gráficamente de varias formas: un círculo, dos trazos cortos que se cortan, etc. y se designa con letras mayúsculas: A, B, C, etc.

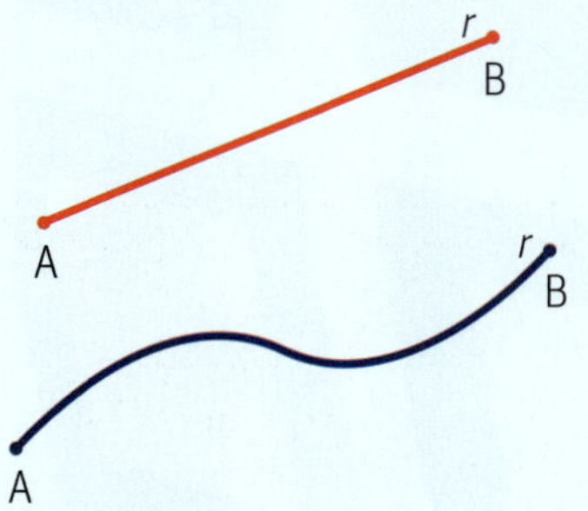

La **línea** se representa con un trazo fino, puede ser recta o curva. Dos puntos cualesquiera A y B determinan una **recta**, que se designa con letras minúsculas: *r*, *s*, *t*, etc.

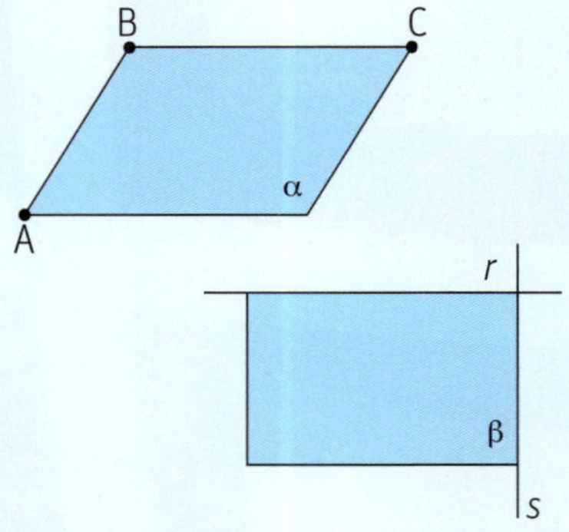

El **plano** se puede obtener a partir de dos rectas que se cortan *r* y *s*, o bien a partir de tres puntos no alineados, A, B y C. Se designa con letras griegas α, β, etc.

Posiciones de dos rectas en el plano

Dos o más rectas pueden relacionarse sobre un plano según sea la posición que ocupen sobre él.

Posiciones de dos rectas en el plano

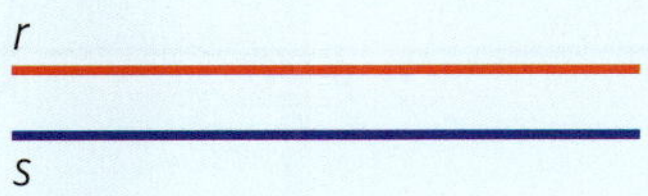

Rectas paralelas: son aquellas que no llegan nunca a cortarse.

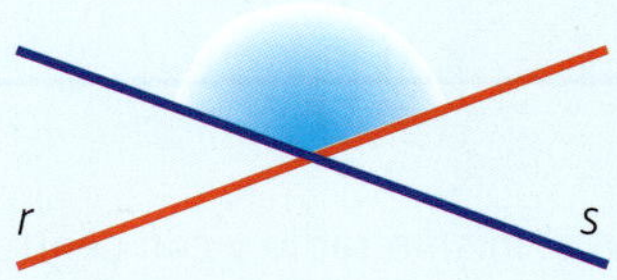

Rectas oblicuas: son aquellas que se cortan formando un ángulo distinto de 90°.

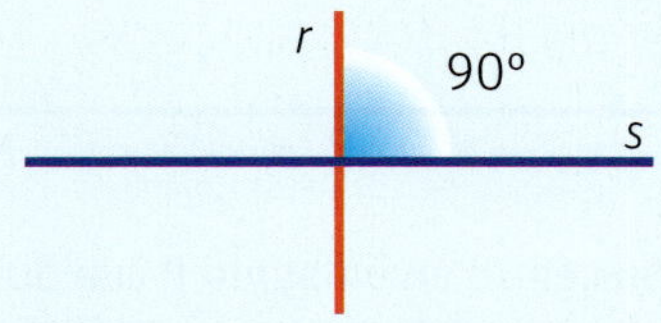

Rectas perpendiculares: son aquellas que se cortan y forman cuatro ángulos de 90°.

Posiciones de dos planos en el espacio

Dos o más planos pueden situarse en el espacio de diferentes maneras.

Posiciones de dos planos en el espacio

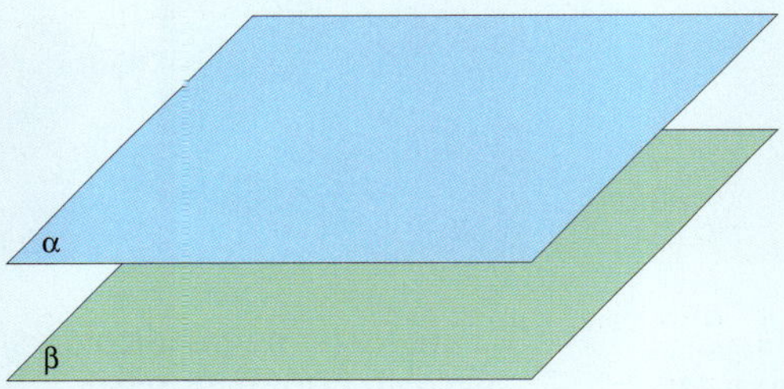

Planos paralelos: son aquellos que no llegan nunca a cortarse.

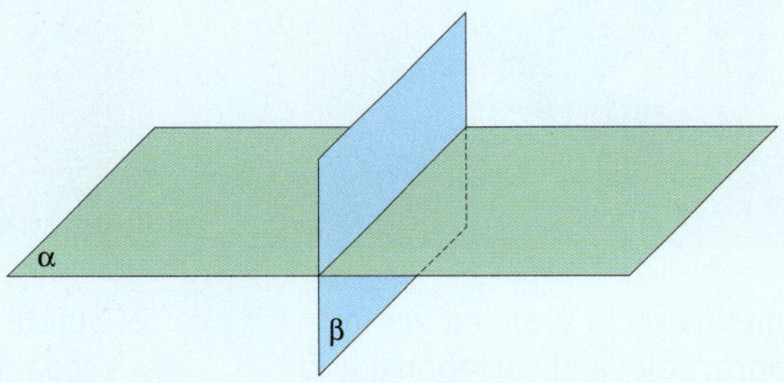

Planos perpendiculares: son aquellos que se cortan formando cuatro ángulos de 90°.

Líneas rectas, semirrectas y segmentos

Recta, semirrecta y segmento

Recta: es una línea ilimitada que no tiene principio ni fin.

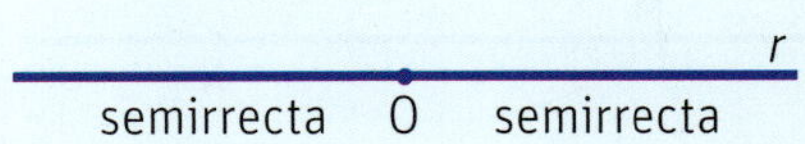

Semirrecta: es una porción de recta limitada por uno de sus extremos por un punto e ilimitada en el otro.

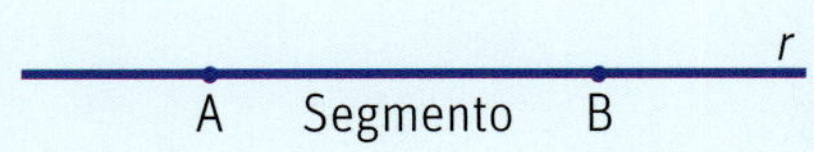

Segmento de recta: es una porción de recta limitada en sus dos extremos por dos puntos.

ACTIVIDADES

1. Sobre una lámina, traza con el compás varias circunferencias de diferentes radios. Después, colorea tu composición libremente.

2. Dibuja a mano alzada dos rectas paralelas y dos oblicuas que no sean perpendiculares. ¿Las rectas perpendiculares son oblicuas?

2 Trazados de rectas

Trazado de rectas paralelas con regla y compás

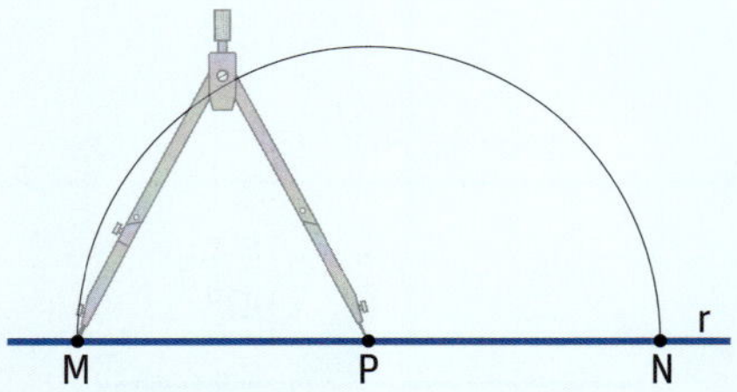

1. Con centro en un punto P cualquiera de la recta *r*, traza un arco que corte la recta en dos puntos M y N.

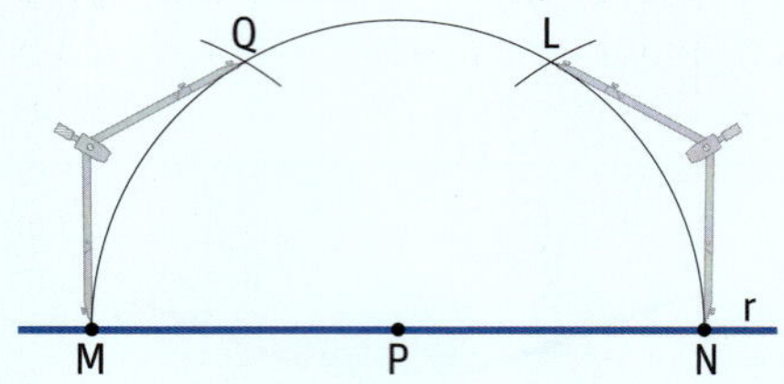

2. Con el mismo radio y con centros en M y N, traza dos nuevos arcos que corten el primero en Q y L.

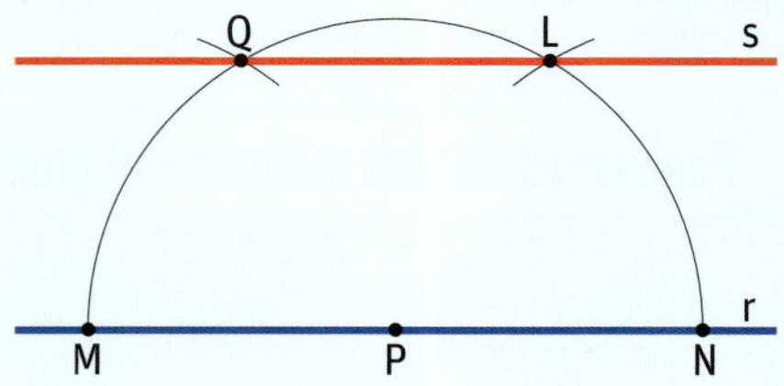

3. Al unir los puntos Q y L obtienes la recta *s* paralela a la recta *r*.

Trazado de rectas paralelas y perpendiculares con escuadra y cartabón

1. Dibuja una recta y, sin mover la escuadra, coloca el cartabón como en la fotografía.

2. Sujeta el cartabón y desliza la escuadra hacia abajo para trazar las rectas paralelas.

3. Para trazar perpendiculares, gira la escuadra 90° y deslízala.

Trazado de rectas perpendiculares con regla y compás

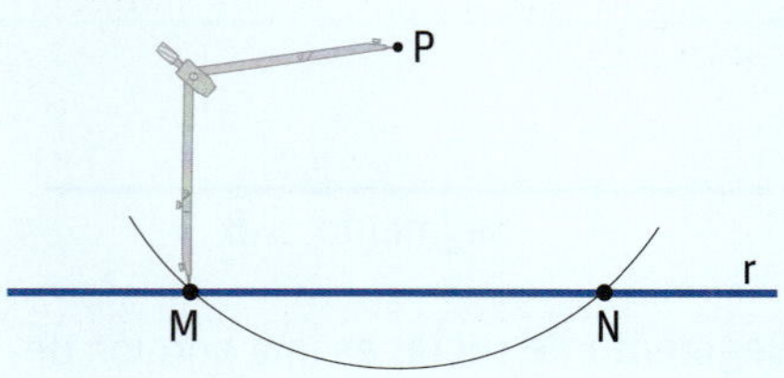

1. Con centro en un punto P y radio mayor que la distancia entre P y la recta *r*, traza un arco que determine M y N.

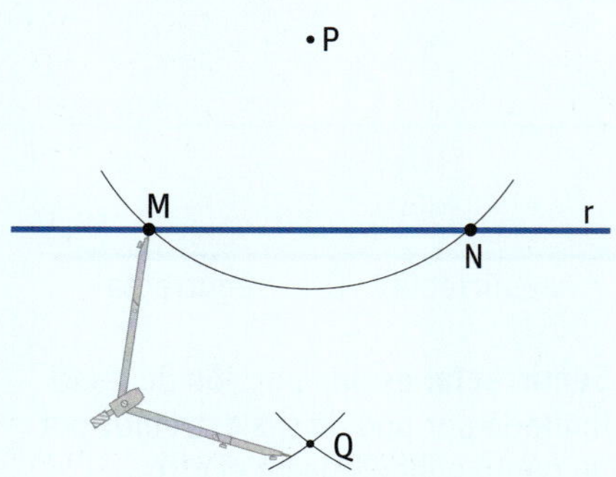

2. Con centro en M y N y radio mayor que la distancia entre estos dos puntos, traza dos arcos que se corten en Q.

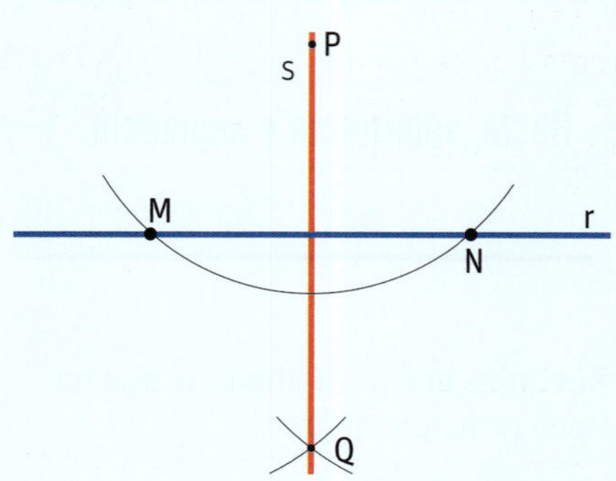

3. Al unir con la regla los puntos P y Q obtienes la recta *s* perpendicular a la recta *r*.

División de un segmento en dos partes iguales

La **mediatriz** de un segmento $\overline{AB}$ es una recta perpendicular a dicho segmento que lo divide en dos partes iguales. Por ello sus extremos A y B se encuentran a la misma distancia del punto medio, es decir, son equidistantes.

PRACTICA Aprende más sobre cómo trazar la mediatriz de un segmento.

Trazado de la mediatriz de un segmento

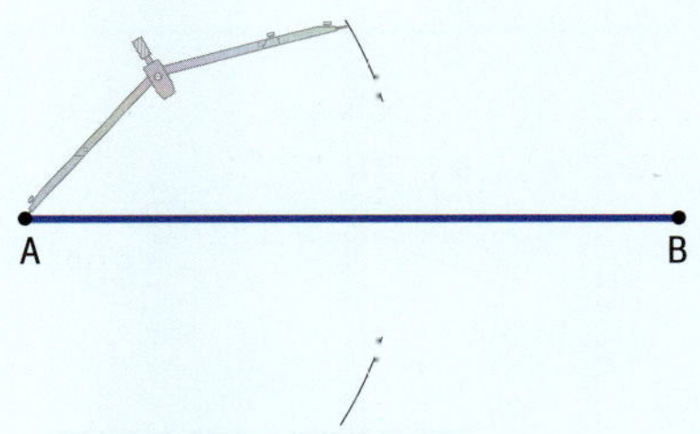

1. Con centro en A, traza con el compás dos arcos de radio mayor que la mitad del segmento.

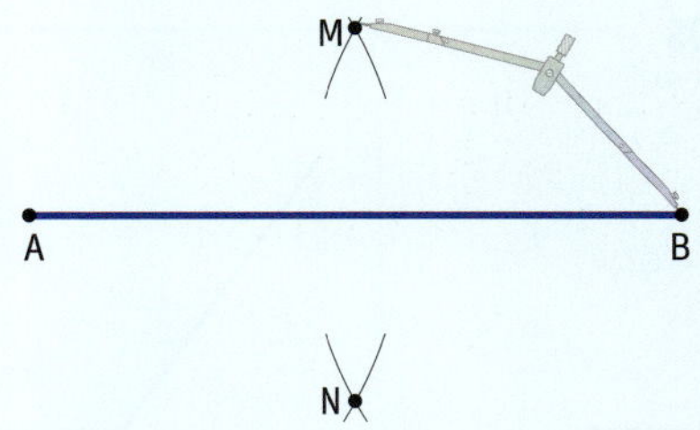

2. Con centro en B y con el mismo radio, traza otros dos arcos que corten los anteriores.

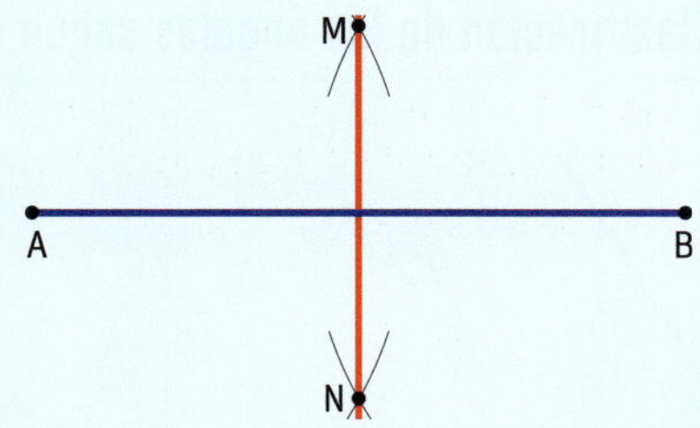

3. Uniendo los puntos de corte de los arcos obtienes la mediatriz del segmento.

Operaciones con segmentos

Suma de segmentos $\overline{AB} + \overline{CD}$

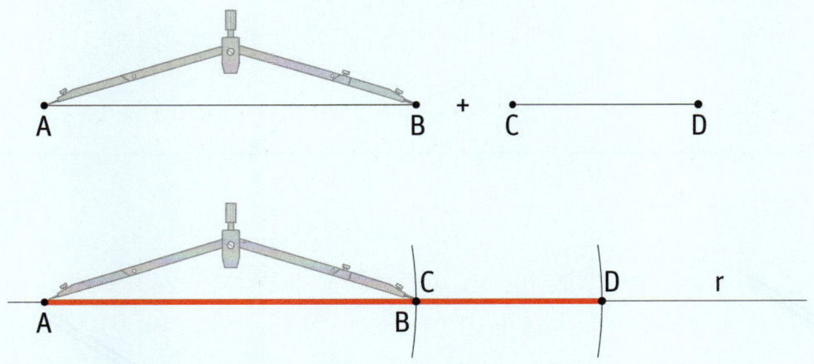

$\overline{AB} + \overline{CD} = \overline{AD}$

Para sumar los segmentos $\overline{AB}$ y $\overline{CD}$, transporta sobre una recta *r* un segmento igual al segmento $\overline{AB}$ y, a partir del punto B, otro segmento igual a $\overline{CD}$. El resultado de la suma es el segmento $\overline{AD}$.

Resta de segmentos $\overline{AB}$ - $\overline{CD}$

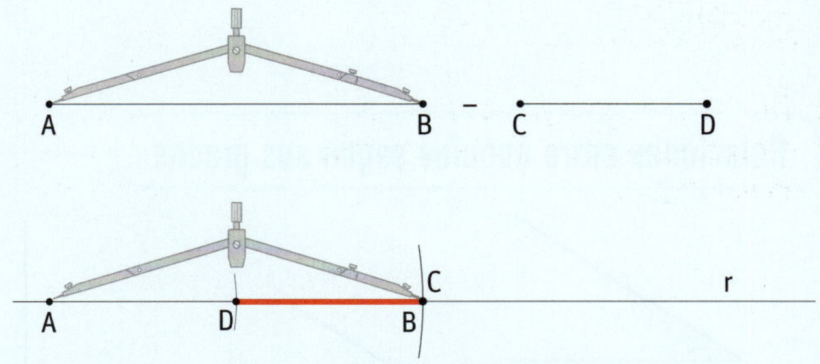

$\overline{AB} - \overline{CD} = \overline{DB}$

Para restar un segmento $\overline{CD}$ a otro mayor $\overline{AB}$, transporta sobre una recta *r* el segmento mayor $\overline{AB}$. Sobre este transporta $\overline{CD}$, superponiendo el punto C al A. El resultado de la resta es el segmento $\overline{DB}$.

ACTIVIDADES

1. Realiza una composición con rectas paralelas y perpendiculares utilizando rotuladores de colores.

2. Traza un segmento $\overline{AB}$ de 7 centímetros y divídelo en dos partes iguales trazando la mediatriz.

3. Dados dos segmentos, $\overline{AB}$ de 5 cm y $\overline{CD}$ de 3,5 cm, realiza su suma y su resta utilizando el compás.

OBSERVA Descubre cómo trazar rectas paralelas y perpendiculares con escuadra y cartabón.

PRACTICA Realiza más sumas y restas de segmentos.

3 Ángulos

¿Qué es un ángulo?

Se denomina **ángulo Â** a la amplitud del plano comprendida entre dos rectas que se cortan en un punto. Se mide en grados.

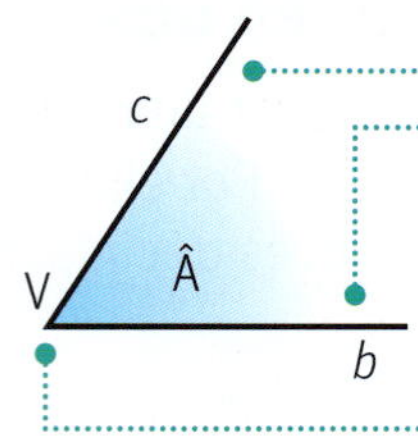

Lados *b* **y** *c* del ángulo Â son las propias rectas que lo forman.

Vértice V es el punto donde se cortan los lados.

Clasificación de los ángulos según sus grados

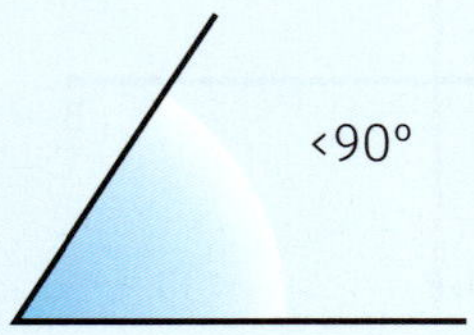

Agudo: menor que 90°.

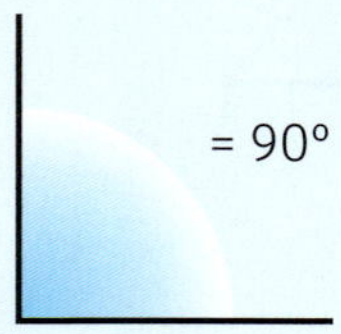

Recto: igual a 90°.

Obtuso: mayor que 90°.

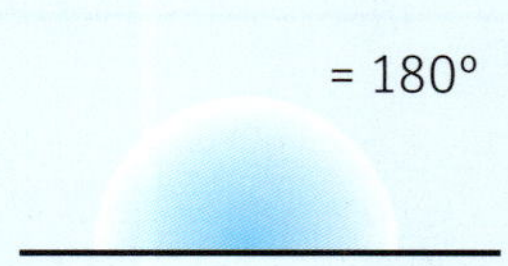

Llano: igual a 180°.

Construcción de los ángulos con escuadra y cartabón

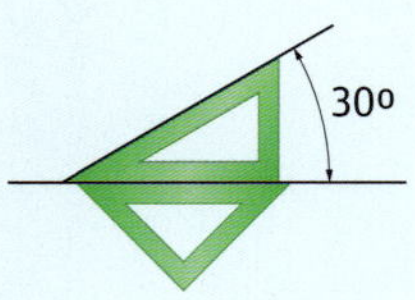

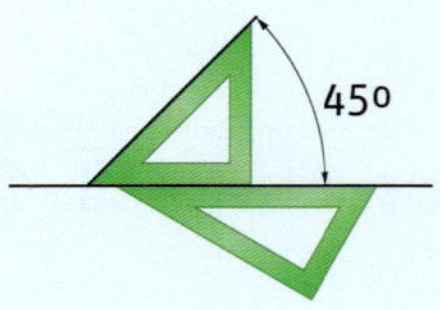

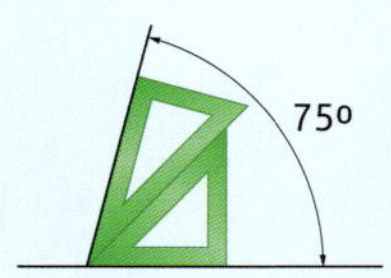

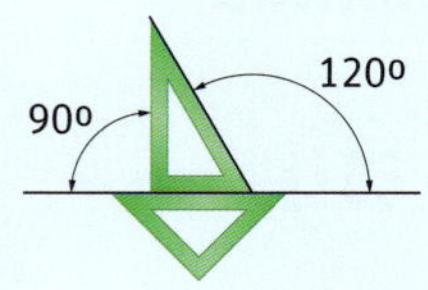

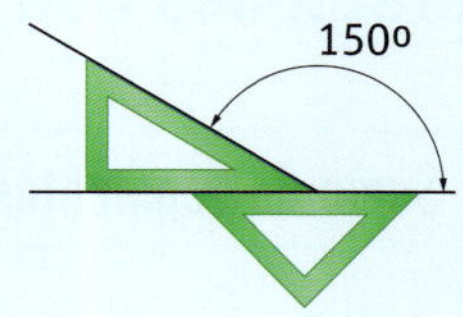

Relaciones entre ángulos según sus grados

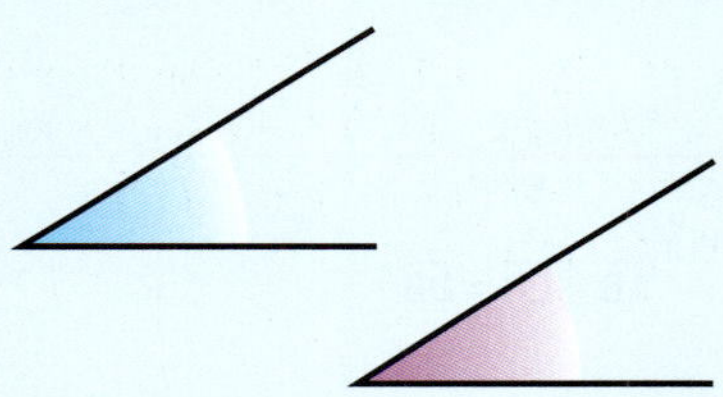

Iguales: tienen el mismo número de grados.

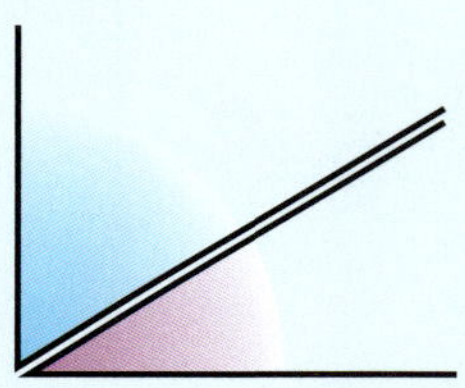

Complementarios: entre los dos suman 90°.

Suplementarios: entre los dos suman 180°.

Relaciones entre ángulos según sus lados

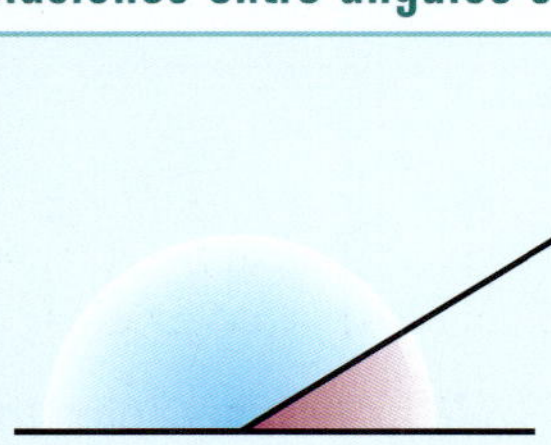

Adyacentes: tienen un lado común y los otros dos en línea recta.

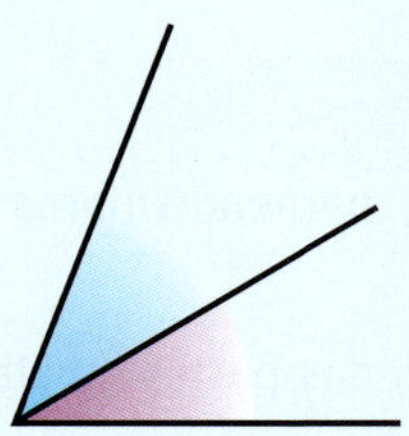

Consecutivos: tienen el vértice y un lado común.

Opuestos por el vértice: tienen el vértice común, siendo los lados de cada uno la prolongación del otro.

La bisectriz de un ángulo

La **bisectriz** es la semirrecta que divide al ángulo Ĉ en dos ángulos iguales.

PRACTICA Trabaja más sobre el trazado de la bisectriz de un ángulo.

Trazado de la bisectriz de un ángulo

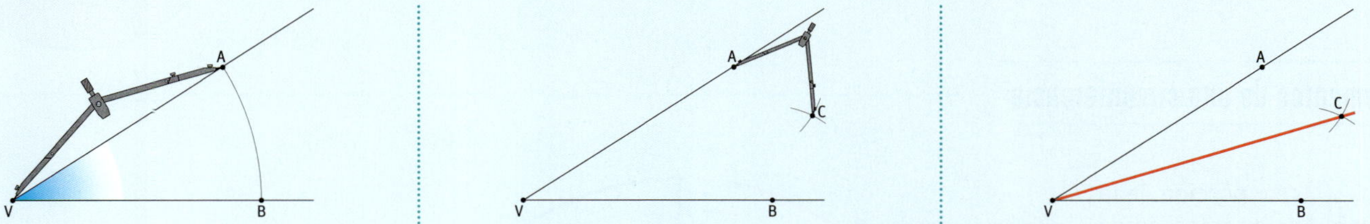

1. Con centro en el vértice V, traza un arco de radio libre que corte a los lados del ángulo en los puntos A y B.
2. Con centros en A y en B, traza dos arcos de igual radio que se cortan en el punto C.
3. Uniendo el vértice V con el punto C obtienes la bisectriz del ángulo.

Operaciones con ángulos

Suma de ángulos Â + B̂

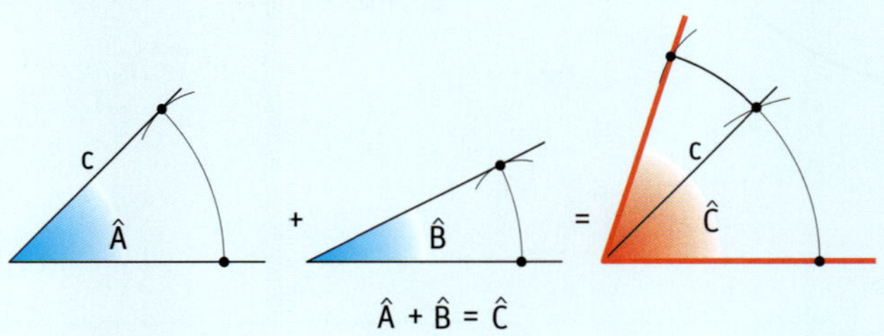

Con el transportador de ángulos o con la escuadra y el cartabón, construye un ángulo igual a Â. Sobre su lado *c* construye otro ángulo igual a B̂. El ángulo Ĉ es la suma de Â + B̂.

Resta de ángulos Â – B̂

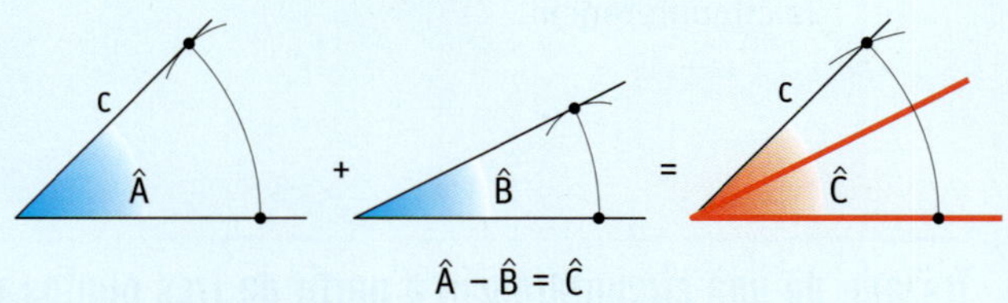

Con el transportador de ángulos o con la escuadra y el cartabón, construye un ángulo igual a Â. Sobre su lado *c* construye, pero en sentido contrario, el ángulo B̂.
El ángulo Ĉ es la diferencia de Â – B̂.

ACTIVIDADES

1. Si tienes un ángulo de 45°, ¿cuánto mide su ángulo complementario? ¿Y su ángulo suplementario?
2. Traza con el transportador o con las plantillas un ángulo de 60°. Después, traza su bisectriz.

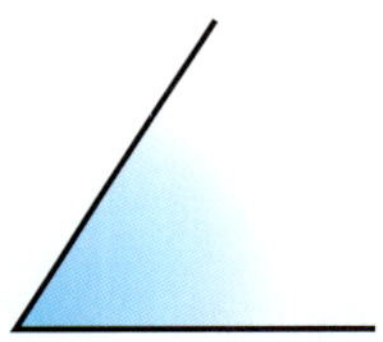

3. Traza dos ángulos Â y B̂ de 60° y 45°, respectivamente. A continuación construye el ángulo suma Â + B̂, y el ángulo resta Â – B̂ aplicando los trazados vistos.

OBSERVA Descubre en la animación cómo transportar ángulos.

PRACTICA Aprende más sobre clasificación de ángulos.

PRACTICA Repasa lo aprendido sobre la suma y diferencia de ángulos

4 Circunferencia y círculo

Circunferencia y círculo

La **circunferencia** es una línea curva y cerrada, formada por puntos que equidistan de un punto fijo llamado centro.

El **círculo** es la porción del plano limitada por la circunferencia.

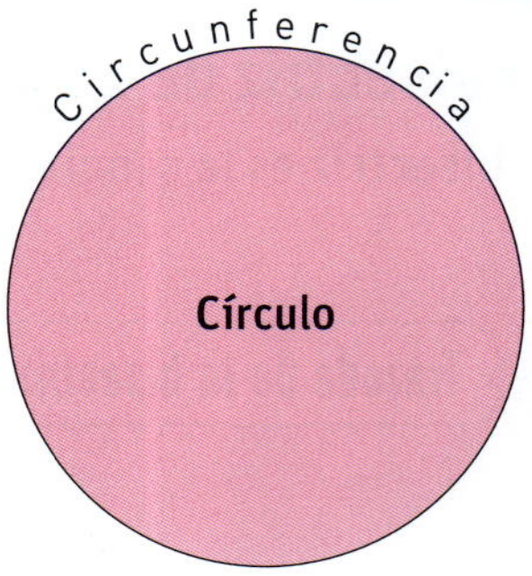

Elementos de una circunferencia

Arco: porción de la circunferencia comprendida entre dos de sus puntos.

Centro: punto del que equidistan todos los puntos de la circunferencia.

Cuerda: segmento que une dos puntos cualesquiera de la circunferencia.

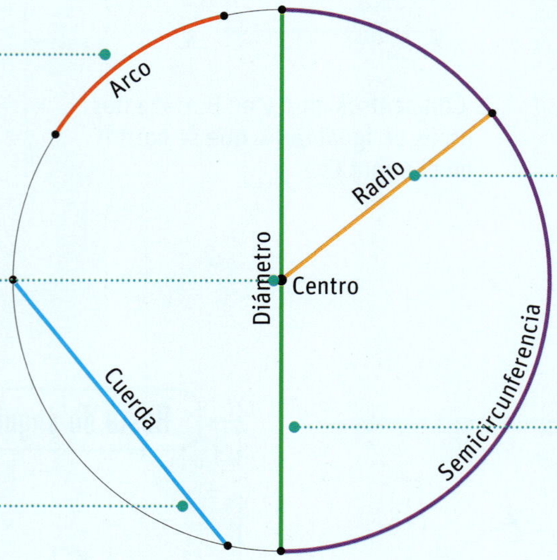

Radio: segmento limitado por el centro y cualquiera de los puntos de la circunferencia.

Diámetro: segmento limitado por dos puntos de la circunferencia y que pasa por el centro.

Trazado de una circunferencia a partir de tres puntos no alineados

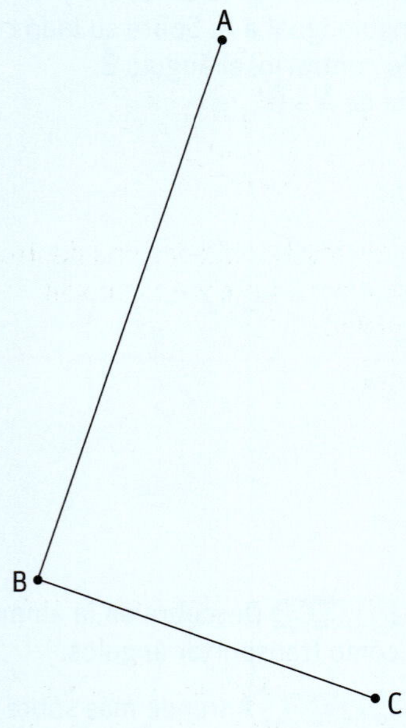

1. Traza dos segmentos que unan los puntos A, B y C.

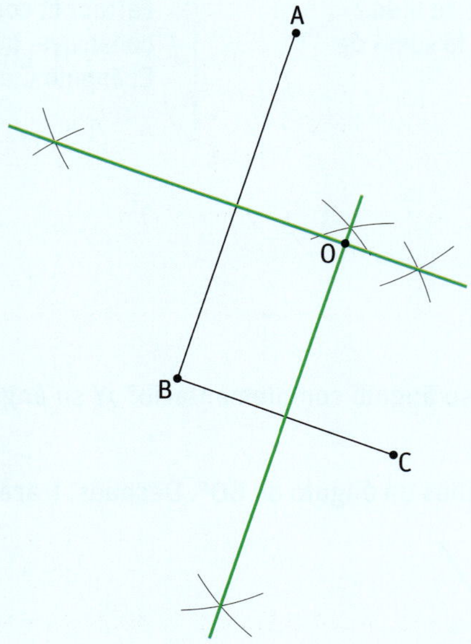

2. Dibuja sus mediatrices. El punto de corte de las mediatrices será el centro O de la circunferencia.

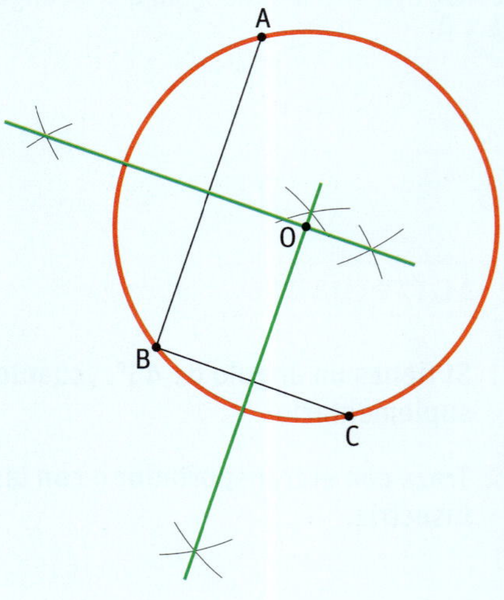

3. Con centro en O y radio OA, traza con el compás la circunferencia pedida.

Posiciones relativas de recta y circunferencia

Secante: recta que corta la circunferencia en dos puntos diferentes.

Exterior: recta que no tiene ningún punto en común con la circunferencia.

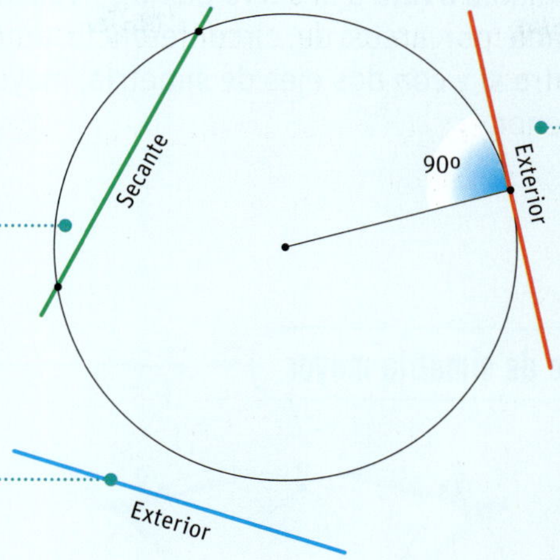

Tangente: recta que tiene un único punto en común con la circunferencia y es perpendicular al radio que pasa por su punto de contacto.

Posiciones relativas de dos circunferencias

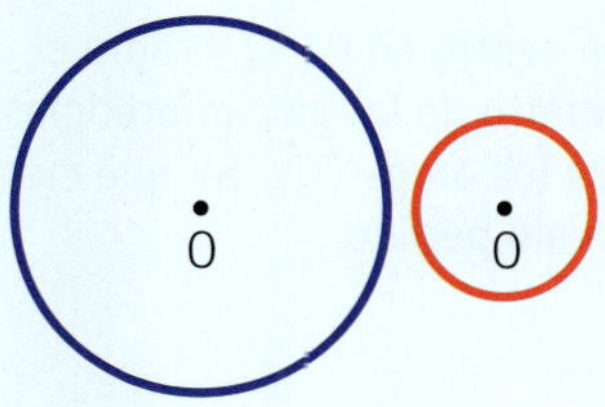

Exteriores: no tienen ningún punto en común.

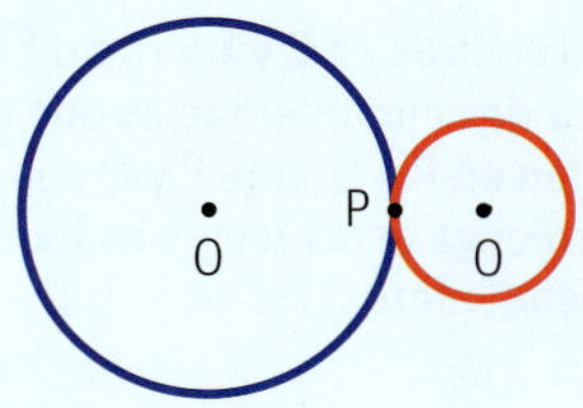

Tangentes exteriores: tienen un único punto en común y los restantes de una están fuera de la otra.

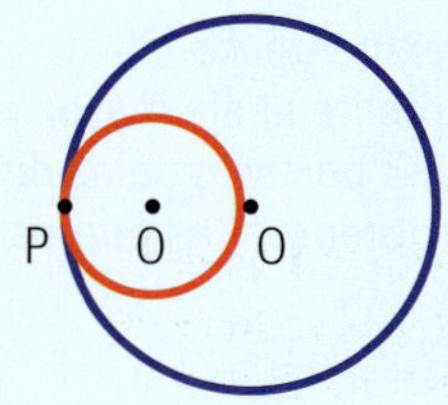

Tangentes interiores: tienen un único punto en común, pero los restantes de una se encuentran dentro de la otra.

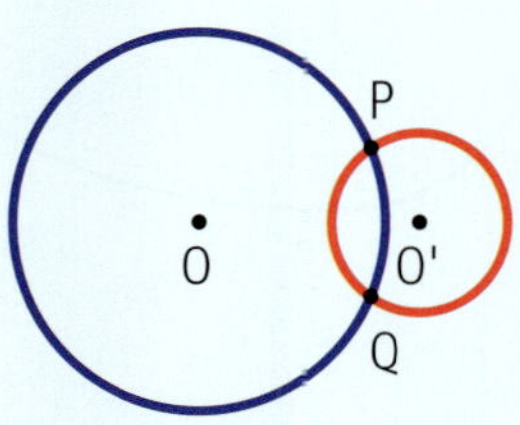

Secantes: se cortan en dos puntos.

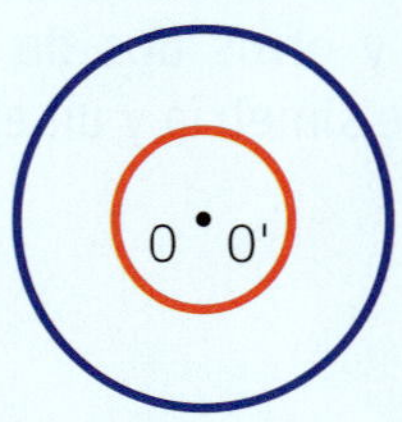

Concéntricas: sus centros son coincidentes.

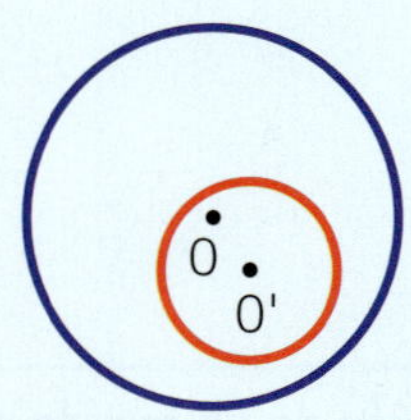

Interiores: están situadas una dentro de la otra, pero sus centros no son coincidentes.

ACTIVIDADES

1. Dibuja con el compás una composición de varias circunferencias en distintas posiciones. Colorea los círculos a tu gusto.

2. Con un procesador de textos, realiza una composición con rectas y circunferencias en distintas posiciones.

OBSERVA Aprende más sobre los elementos y características de la circunferencia.
PRACTICA Puedes identificar la posición relativa que existe entre dos circunferencias.

5 Óvalos y ovoides

Óvalo

Se llama **óvalo** a la curva plana cerrada formada por arcos de circunferencia unidos entre sí y con dos ejes de simetría, mayor y menor.

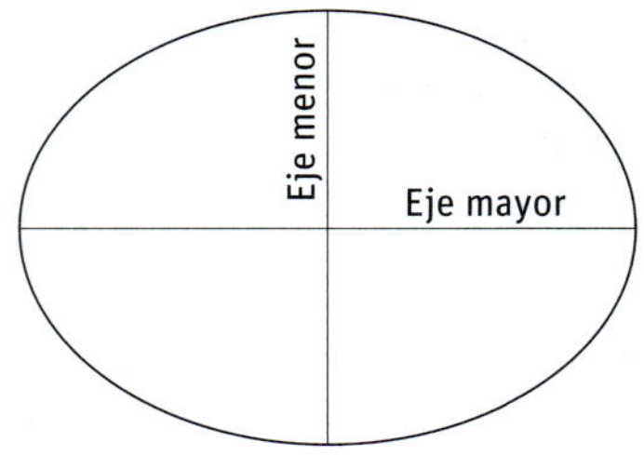

Construcción de un óvalo conocido el eje de simetría mayor

1. Traza el segmento $\overline{AB}$ correspondiente al eje mayor y divídelo en 3 partes iguales de modo que obtengas los puntos E y F.

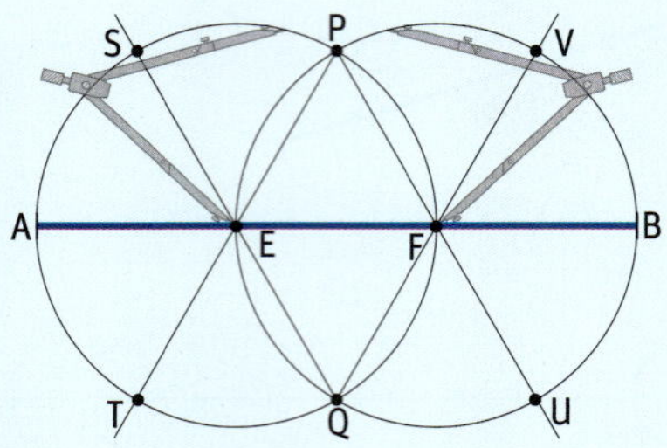

2. Con centros en E y F y radio $\overline{EF}$ traza dos circunferencias que se cortan en P y Q. Une P y Q con E y F, y prolonga estas rectas hasta cortar las circunferencias en S, T, U y V.

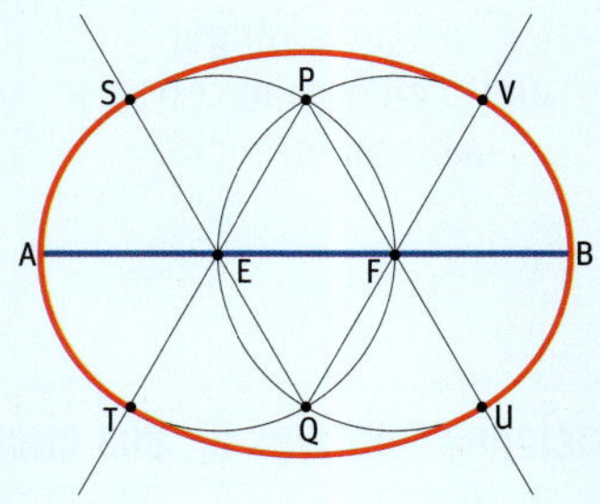

3. Con centro en P y Q y radio el diámetro de las circunferencias, traza los arcos $\overset{\frown}{TU}$ y $\overset{\frown}{SV}$ que cierran el óvalo pedido.

Ovoide

Se llama **ovoi**de a la curva plana cerrada formada por dos arcos de circunferencia de igual radio, y otros dos de distinto radio y con un eje de simetría y un eje menor.

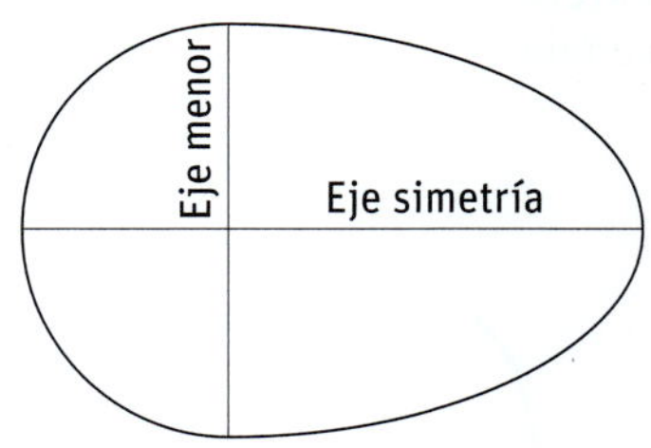

Construcción de un ovoide conocido el eje menor

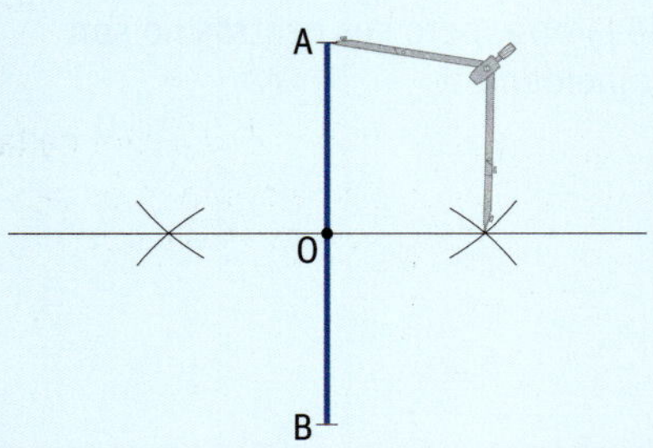

1. Traza el segmento $\overline{AB}$ que corresponde al eje menor y traza su mediatriz, que pertenecerá al eje de simetría.

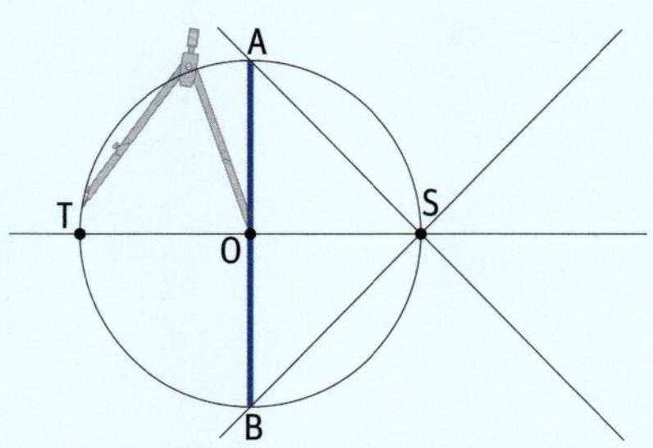

2. Con centro en O y radio $\overline{OA}$ traza una circunferencia que corta la mediatriz en T y S. Traza las rectas $\overline{BS}$ y $\overline{AS}$ y prolóngalas.

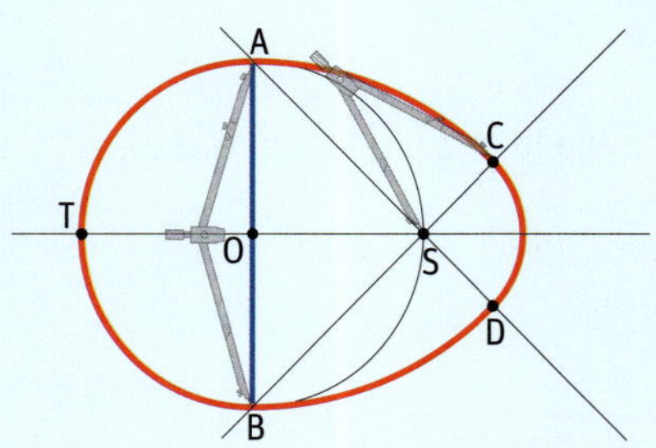

3. Con centros en A y B y radio $\overline{AB}$ traza dos arcos que cortan las rectas anteriores en C y D. Con centro en S y radio $\overline{SC}$ traza el arco que cierra el ovoide.

6 Espirales y tangencias

Espirales

Se llama **espiral** a una línea curva que crece de manera ordenada en torno a un núcleo central.

OBSERVA Aprende más sobre cómo dibujar espirales en el vídeo.

Construcción de una espiral de dos centros

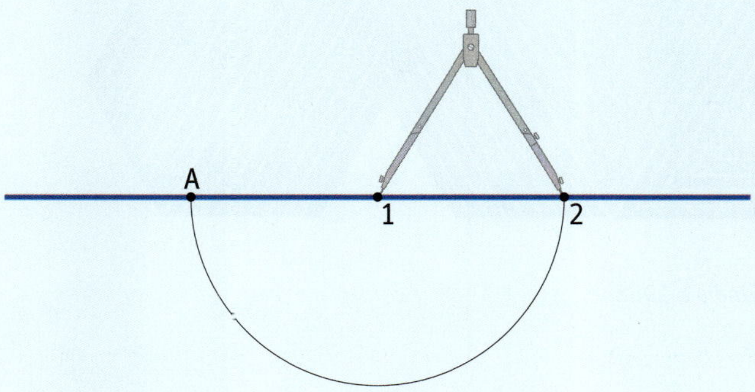

1. Traza una recta y sobre ella dos puntos 1 y 2. Con centro en 1 y radio $\overline{12}$, traza el primer arco $\widehat{2A}$.

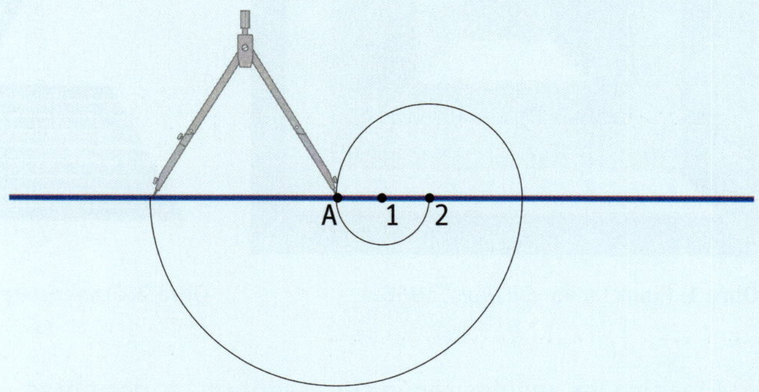

2. Con centro en 2 y radio $\overline{2A}$, traza el segundo arco $\widehat{AB}$. Con centro en A y radio $\overline{AB}$ traza el siguiente arco, y así sucesivamente.

Tangencias

Dos elementos geométricos son **tangentes** cuando tienen un punto en común.

Construcción de una recta tangente a una circunferencia por un punto P

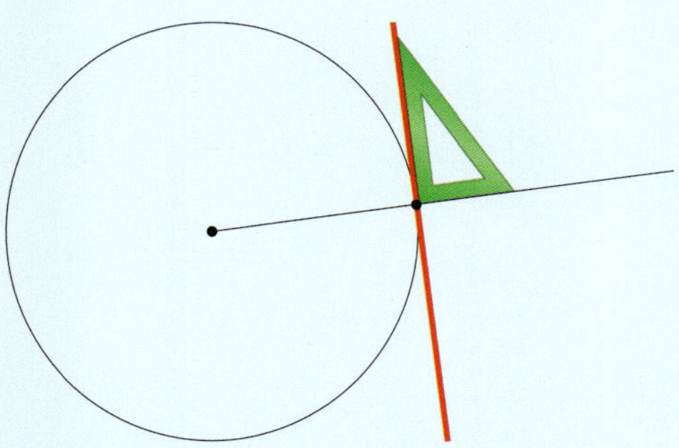

Dibuja la circunferencia y un punto P de la misma. Traza el radio $\overline{OP}$ y prolonga la recta. Con la escuadra y el cartabón, traza la recta perpendicular al radio por el punto P.

Construcción de dos circunferencias tangentes exteriores por un punto P y conocido el radio

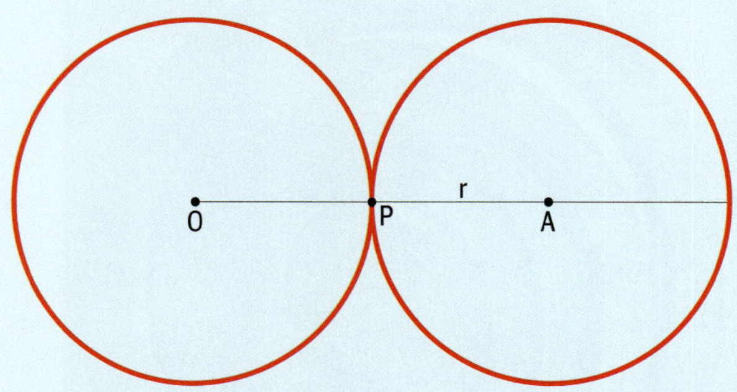

Dibuja una circunferencia, traza su radio $\overline{OP}$ y prolonga la recta. Desde P medimos el radio dado *r* y obtenemos el punto A. Con centro en A y radio *r*, traza la circunferencia tangente exterior a la primera.

ACTIVIDADES

1. Traza un óvalo cuyo eje de simetría mayor mide 4 cm, y un ovoide cuyo eje menor mide 3 cm.
2. Realiza una composición con espirales de dos centros. Colorea libremente.
3. Dibuja la recta tangente a una circunferencia de radio 3,5 cm.
4. Dibuja dos circunferencias tangentes exteriores cuyos radios miden 3 y 4 cm.

1. En grupos, observad y analizad las siguientes obras del artista americano Frank Stella.

Obra 1. Frank Stella: *Sin título*, 1966.

Obra 2. Frank Stella: *Empress of India I*, 1968.

a) Clasifica los ángulos según sus grados en las dos obras.

b) ¿Qué relación existe entre los ángulos según sus grados en la obra 1? ¿Y en la 2?

c) ¿Cuál es la relación entre ángulos según sus lados en la obra 1? ¿Y en la 2?

d) ¿Qué rectas encuentras en la obra 1 según su posición sobre el plano? ¿Y en la obra 2?

2. Crea una composición usando diferentes tipos de ángulos, combinando las relaciones entre sus grados (iguales, complementarios, etc.) y sus lados (consecutivos, opuestos, etc.).

- Dibuja los ángulos en papeles de varios colores, recorta y organiza los triángulos y pégalos sobre cartulina blanca. Luego, con rotuladores de colores, puedes trazar rectas paralelas o perpendiculares utilizando la escuadra y el cartabón.

3. Observa la obra del artista español Martín Chirino, en la que trabaja con la espiral.

Martín Chirino: *El viento*, 1966.

- Dibuja una espiral de dos centros sobre un folio e interprétala a tu manera utilizando los materiales que prefieras: material para *collage*, témpera, lápices, rotuladores, ceras, etc.

4. Observa la siguiente pintura al óleo del artista Piet Mondrian.

Piet Mondrian: *Composición en óvalo con planos de color,* 1914.

- Realiza tu propia composición. Para comenzar, construye un óvalo cuyo eje menor sea 14 cm. Dibújalo en posición horizontal sobre un papel tamaño DIN A4 resistente al agua. Dentro del óvalo traza rectas paralelas, perpendiculares y oblicuas. Pinta los espacios que se crean entre las rectas (los planos) con óleos de diferentes colores. Parte de las rectas las puedes repasar con rotuladores de colores.

5. Observa el siguiente logotipo y cómo ha sido creado: cada letra C está formada por dos circunferencias concéntricas y, en cuanto a la posición de las dos letras opuestas, se ha formado por circunferencias secantes, que se cortan en 2 puntos.

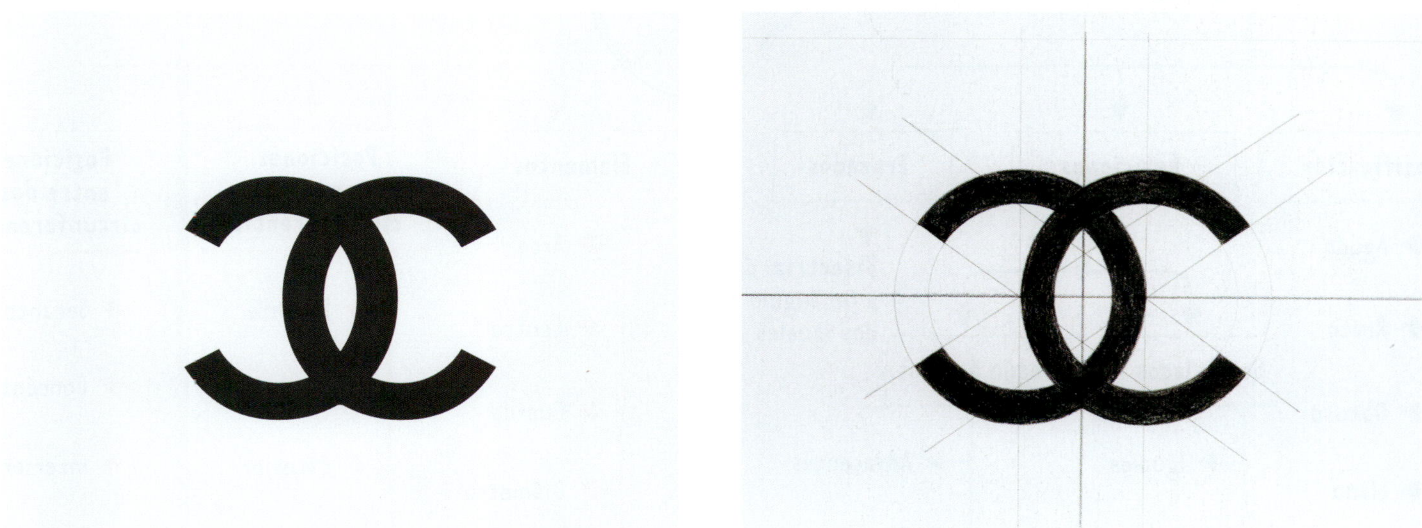

Logotipo Chanel.

- Realiza tu propio logotipo combinando circunferencias, círculos o ambos. Juega e investiga con la posición de los mismos para crear un logotipo sencillo. Utiliza para ello compás, regla, escuadra y cartabón, si hiciera falta.

GEOMETRÍA

Estudia las propiedades y medidas de las figuras en el espacio
Trazados geométricos

INSTRUMENTOS

- Compás
- Transportador de ángulos
- Regla
- Estilógrafos
- Escuadra y cartabón

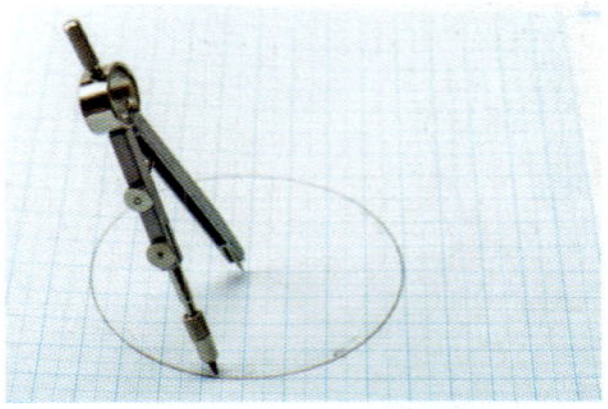

ELEMENTOS BÁSICOS

- Punto A, B, C, etc.
- Línea: r, s, t, etc.
  - **Curva**
  - **Recta**
    - Paralelas
    - Oblicuas
    - Perpendiculares
  - **Semirrecta**
    - Paralelas
    - Oblicuas
    - Perpendiculares
  - **Segmento**
    - Suma y resta
    - **Mediatriz:** división en dos partes iguales
- Plano: α,β, etc.
  - Paralelos
  - Perpendiculares

OTROS TRAZADOS

- Óvalos y ovoides
- Espirales y tangencias

ÁNGULOS
Se miden en grados

- **Clasificación**
  - Agudo
  - Recto
  - Obtuso
  - Llano
- **Relaciones**
  - Según lados
    - Iguales
    - Complementarios
    - Suplementarios
  - Según ángulos
    - Adyacentes
    - Consecutivos
    - Opuestos por el vértice
- **Trazados**
  - **Bisectriz:** divide a un ángulo en dos iguales

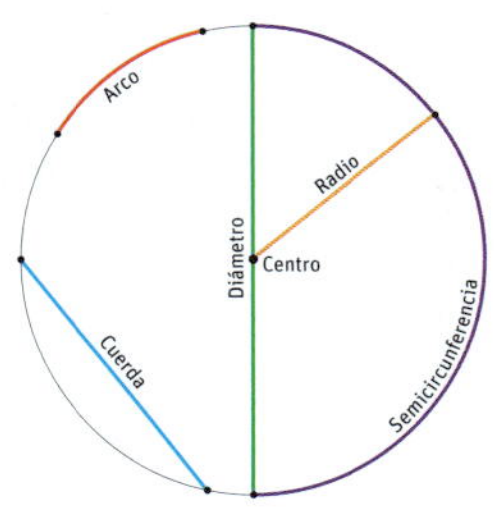

CIRCUNFERENCIA

- **Elementos**
  - Arco
  - Centro
  - Cuerda
  - Diámetro
  - Radio
- **Posiciones entre recta y circunferencia**
  - Secante
  - Tangente
  - Exterior
- **Posiciones entre dos circunferencias**
  - Secantes
  - Concéntricas
  - Interiores

4. **Observa la siguiente pintura al óleo del artista Piet Mondrian.**

Piet Mondrian: *Composición en óvalo con planos de color,* 1914.

- Realiza tu propia composición. Para comenzar, construye un óvalo cuyo eje menor sea 14 cm. Dibújalo en posición horizontal sobre un papel tamaño DIN A4 resistente al agua. Dentro del óvalo traza rectas paralelas, perpendiculares y oblicuas. Pinta los espacios que se crean entre las rectas (los planos) con óleos de diferentes colores. Parte de las rectas las puedes repasar con rotuladores de colores.

5. **Observa el siguiente logotipo y cómo ha sido creado: cada letra C está formada por dos circunferencias concéntricas y, en cuanto a la posición de las dos letras opuestas, se ha formado por circunferencias secantes, que se cortan en 2 puntos.**

Logotipo Chanel.

- Realiza tu propio logotipo combinando circunferencias, círculos o ambos. Juega e investiga con la posición de los mismos para crear un logotipo sencillo. Utiliza para ello compás, regla, escuadra y cartabón, si hiciera falta.

LO ESENCIAL

GEOMETRÍA

Estudia las propiedades y medidas de las figuras en el espacio

Trazados geométricos

INSTRUMENTOS

- Compás
- Transportador de ángulos
- Regla
- Estilógrafos
- Escuadra y cartabón

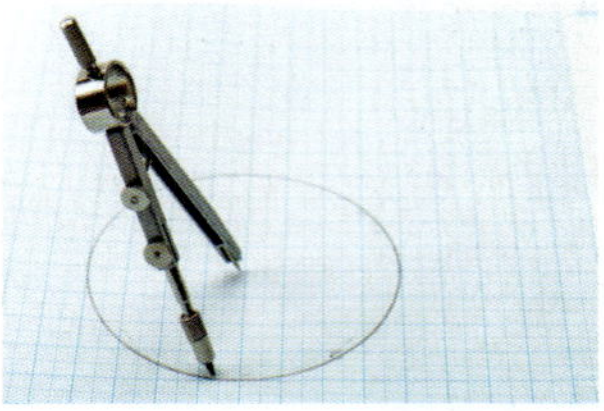

ELEMENTOS BÁSICOS

- Punto A, B, C, etc.
- Línea: r, s, t, etc.
  - **Curva**
  - **Recta**
    - Paralelas
    - Oblicuas
    - Perpendiculares
  - **Semirrecta**
    - Paralelas
    - Oblicuas
    - Perpendiculares
  - **Segmento**
    - Suma y resta
    - **Mediatriz:** división en dos partes iguales
- Plano: α,β, etc.
  - Paralelos
  - Perpendiculares

OTROS TRAZADOS

- Óvalos y ovoides
- Espirales y tangencias

ÁNGULOS
Se miden en grados

- **Clasificación**
  - Agudo
  - Recto
  - Obtuso
  - Llano
- **Relaciones**
  - Según lados
    - Iguales
    - Complementarios
    - Suplementarios
  - Según ángulos
    - Adyacentes
    - Consecutivos
    - Opuestos por el vértice
- **Trazados**
  - **Bisectriz:** divide a un ángulo en dos iguales

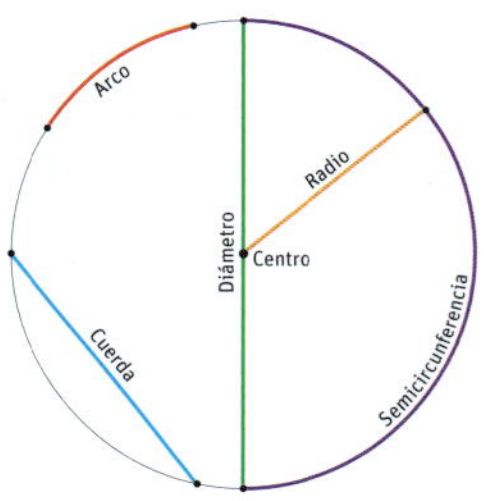

CIRCUNFERENCIA

- **Elementos**
  - Arco
  - Centro
  - Cuerda
  - Diámetro
  - Radio
- **Posiciones entre recta y circunferencia**
  - Secante
  - Tangente
  - Exterior
- **Posiciones entre dos circunferencias**
  - Secantes
  - Concéntricas
  - Interiores

AUTOEVALUACIÓN

1. ¿Qué es la geometría?

2. Cita los elementos básicos de la geometría.

3. ¿Qué es y para qué sirve el juego de escuadra y cartabón?

4. Con ayuda de diferentes materiales de dibujo técnico traza:

a) Dos rectas paralelas y una recta perpendicular a ambas.

b) Dos rectas oblicuas.

5. ¿Qué diferencia hay entre una semirrecta y un segmento?

6. Dibuja un segmento de 5 centímetros y traza su mediatriz con ayuda de un compás.

7. Traza un segmento de 6 centímetros y divídelo en 4 partes iguales.

8. Dados los ángulos Â y B̂.

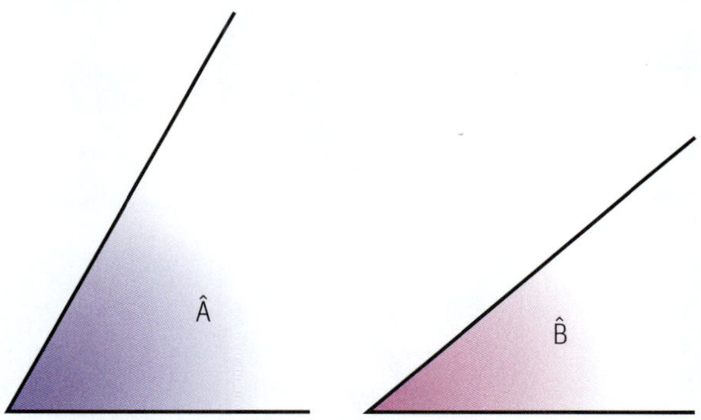

Obtén en tu cuaderno lo siguiente:

a) Su suma.

b) Su diferencia.

c) La bisectriz del ángulo Â.

9. Utilizando la escuadra y el cartabón, traza:

a) Un ángulo de 45°.

b) Un ángulo de 75°.

c) Un ángulo de 150°.

10. Observa esta composición y contesta a las siguientes preguntas:

a) ¿Qué elementos geométricos predominan en el dibujo?

b) ¿Qué tipo de rectas aparecen en la misma y qué posición tienen entre ellas?

c) ¿Qué tipos de ángulos conforman las figuras geométricas?

11. Dibuja una circunferencia dados tres puntos no alineados.

12. Dos circunferencias que tienen distinto radio y el mismo centro son:

a) Interiores.

b) Secantes.

c) Concéntricas.

13. Indica qué elementos geométricos predominan en esta obra de Le Corbusier.

Le Corbusier: *Villa Saboya*, 1929.

VALORA LO APRENDIDO Comprueba lo que sabes en la Autoevaluación.

6 LAS FORMAS POLIGONALES

Pedro Gumiel: techo del paraninfo de la universidad de Alcalá de Henares.

Pedro Gumiel
(1460-1519)

Pedro Gumiel fue un arquitecto que trabajó para el cardenal Cisneros, uno de los hombres más importantes del período de los Reyes Católicos.

Gumiel vivió en el paso de la Edad Media a la Edad Moderna, y por eso mezcló en sus obras elementos del Gótico medieval con otros del Renacimiento, así como otros de influencia islámica. Ese estilo de mezcla se conoce como estilo Cisneros, pues las obras más destacadas fueron encargos del cardenal.

Entre esas obras destacaron la sala capitular de la catedral de Toledo y el paraninfo de la universidad de Alcalá de Henares de la imagen, donde se entregan los premios Cervantes en la actualidad.

En esta unidad aprenderás...

- **Polígonos. El triángulo.** Los polígonos pueden ser regulares cuando todos sus ángulos son iguales. Son irregulares si los ángulos tienen diferentes medidas. En este techo, se han usado polígonos regulares para después crear formas más complejas.
- **Construcción de triángulos.** ¿Puedes ver algún triángulo en esta construcción?
- **Cuadriláteros. Construcción de cuadriláteros.**
- **Construcción de polígonos regulares.** Busca la forma de varios hexágonos en esta obra y señala cuántos ángulos tienen.
- **Construcción de polígonos estrellados.** Pedro Gumiel utilizó el polígono estrellado de seis puntas en su artesonado. En esta unidad aprenderás a construirlo.

1 Polígonos. El triángulo

PRACTICA Aprende más sobre las formas poligonales que se encuentran en la naturaleza.

Los polígonos

La palabra **polígono** proviene del griego *poli* (varios) y *gono* (ángulo). El polígono es una figura geométrica plana limitada por segmentos de recta llamados lados, que se representan con letras minúsculas: a, b, c, etc.

Elementos de los polígonos

Los puntos donde se cortan dos lados se llaman **vértices,** y se representan con letras mayúsculas: A, B, C, etc.

El **ángulo** es la zona del plano comprendido entre dos lados consecutivos, y se representa: Â, B̂, Ĉ, etc.

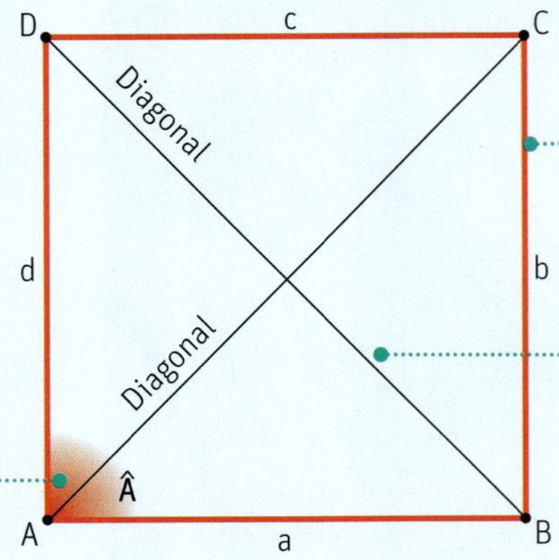

Los **lados** son cada uno de los segmentos de recta que forman el polígono.

La **diagonal** de un polígono es el segmento que une un vértice con otro no consecutivo.
El único polígono que no tiene diagonal es el triángulo.

Clasificación de los polígonos según la medida de sus lados y ángulos

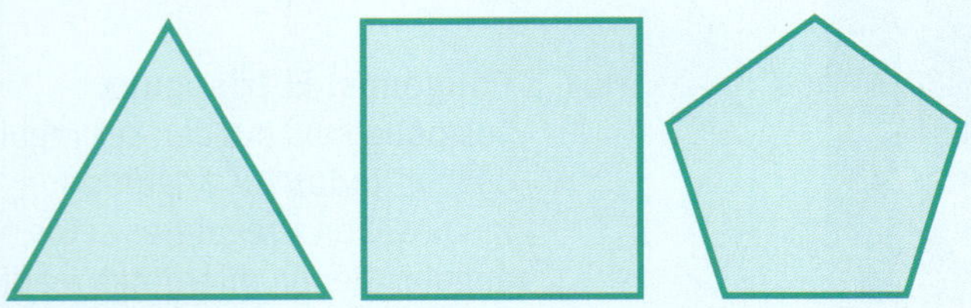

Triángulo | Cuadrilátero | Pentágono

Regulares. Tienen los lados (equiláteros) y los ángulos iguales (equiángulos).

Triángulo | Cuadrilátero | Pentágono

Irregulares. Tienen todos los lados y todos los ángulos diferentes.

Clasificación de los polígonos según el número de lados

Triángulos
Tres lados

Cuadriláteros
Cuatro lados

Pentágonos
Cinco lados

Hexágonos
Seis lados

Heptágonos
Siete lados

El triángulo

El **triángulo** es un polígono de tres lados y, por tanto, de tres vértices. En todos los triángulos, la suma de sus ángulos es igual a 180°.

DESCUBRE EL ARTE Observa el uso de los triángulos en la obra de Josh Bryan.

Clasificación de los triángulos según la medida de sus lados

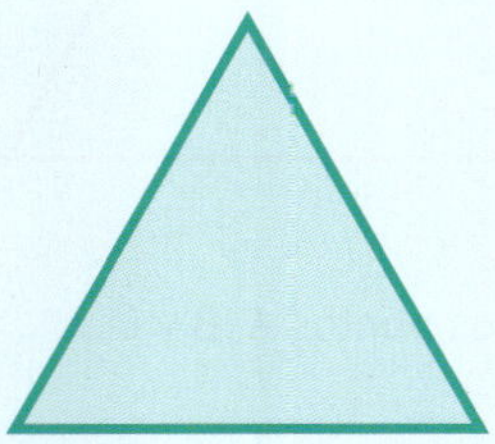

Equiláteros: tienen los tres lados y ángulos iguales. El triángulo equilátero es también isósceles, y es el único triángulo regular.

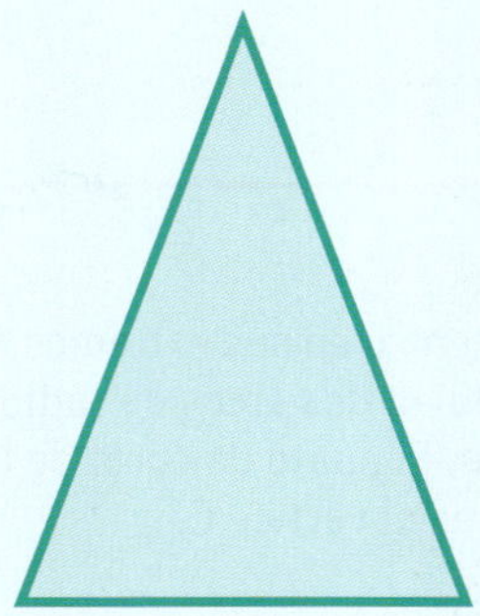

Isósceles: tienen al menos dos lados y dos ángulos iguales.

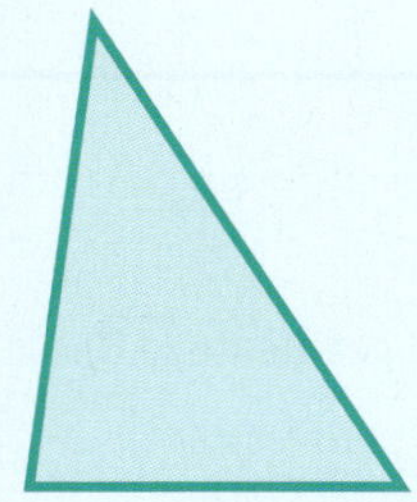

Escalenos: tienen los tres lados y los tres ángulos distintos.

Clasificación de los triángulos según la medida de sus ángulos

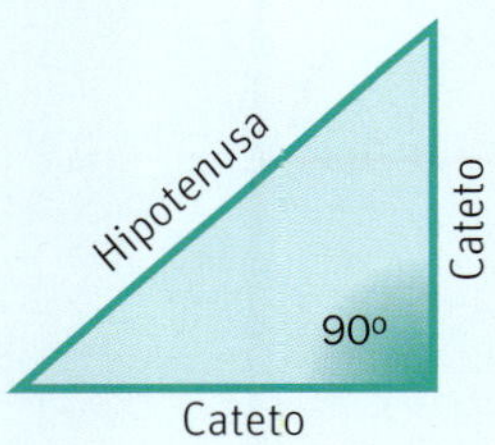

Rectángulos: tienen un ángulo recto (90°). El lado opuesto al ángulo recto es la hipotenusa, y los otros dos lados son los catetos.

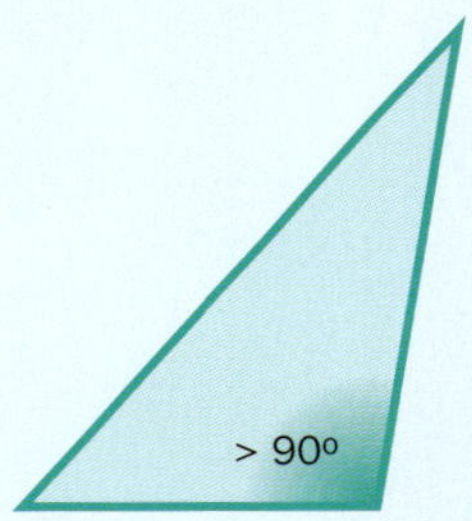

Obtusángulos: tienen un ángulo obtuso (>90°).

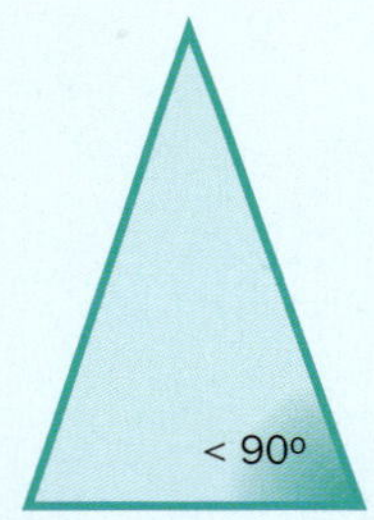

Acutángulos: tienen los tres ángulos agudos (<90°).

ACTIVIDADES

1. Dibuja varios polígonos irregulares sobre cartulinas de colores. Recórtalos y realiza, sobre una cartulina blanca, una composición libre con ellos. Después, puedes colorear el fondo.

2. Utiliza un ordenador y un procesador de textos para realizar una composición con triángulos rectángulos, creando un ritmo creciente de tamaños y colores.

3. Realiza una composición de triángulos irregulares llenando una hoja. Uniendo unos vértices con otros aparecerán más triángulos. Puedes introducir una figura central que cambie la gama de colores.

PRACTICA Concce más sobre la clasificación e identificación de polígonos.

2 Construcción de triángulos

Construcción de un triángulo equilátero con regla y compás

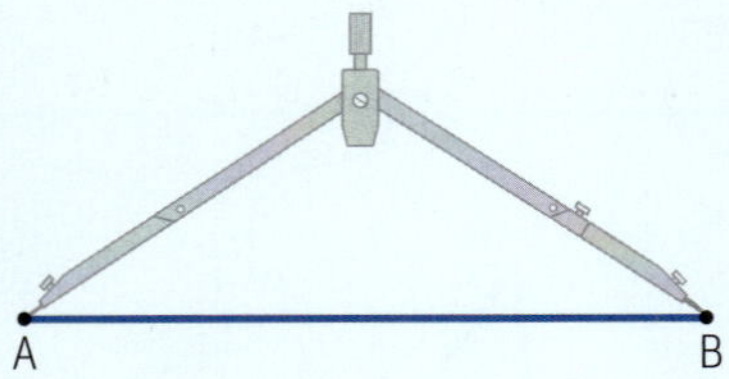

1. Traza el segmento $(\overline{AB})$.

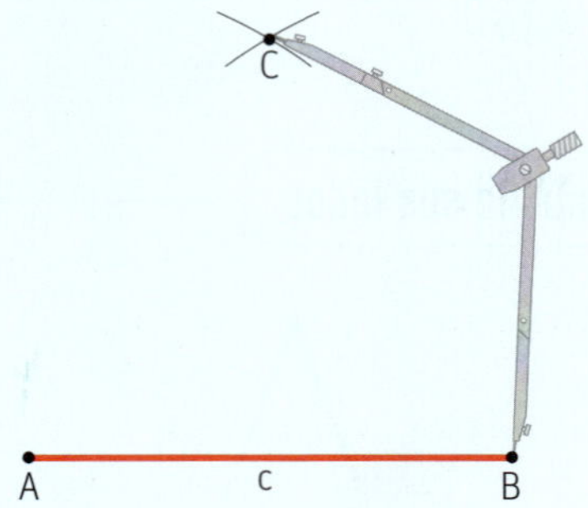

2. Con centro en sus extremos A y B, se dibujan dos arcos de radio igual al lado. El punto de corte de los arcos es el vértice C.

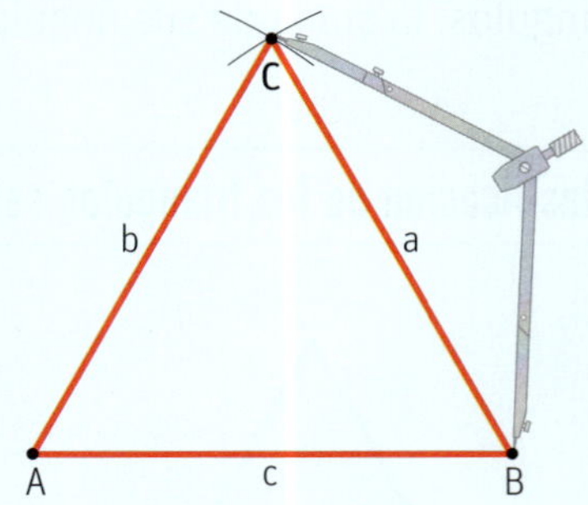

3. Une los puntos A, B y C.

Construcción de un triángulo equilátero inscrito en una circunferencia conocido el radio

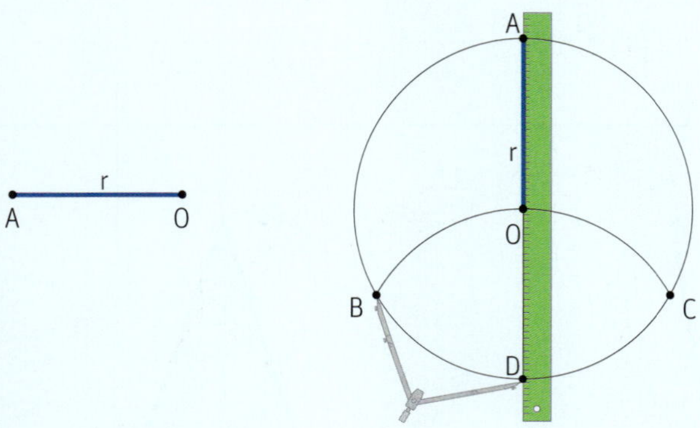

1. Dibuja la circunferencia con la medida del radio r. Dibuja el diámetro $(\overline{AD})$, y con centro en D y el radio r, traza un arco que corte la circunferencia en B y C.

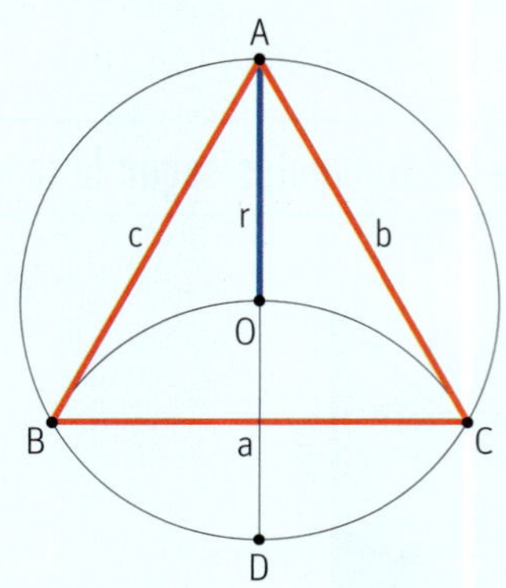

2. Los puntos A, B y C son los vértices del triángulo buscado. Uniéndolos, obtienes el triángulo inscrito en la circunferencia.

Construcción de un triángulo isósceles conocidos los lados desiguales

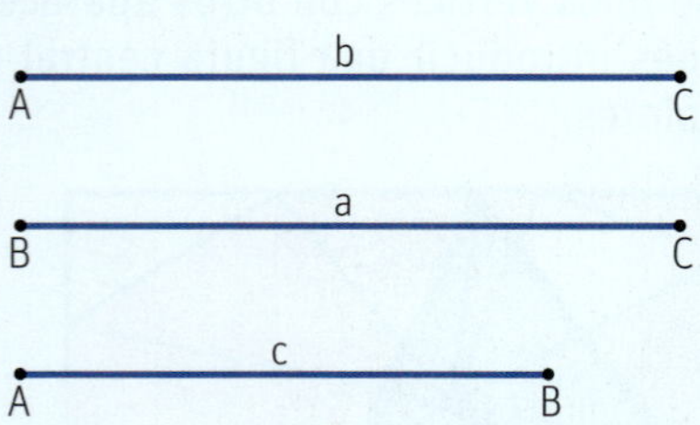

1. Se traza un segmento con la medida del lado desigual c.

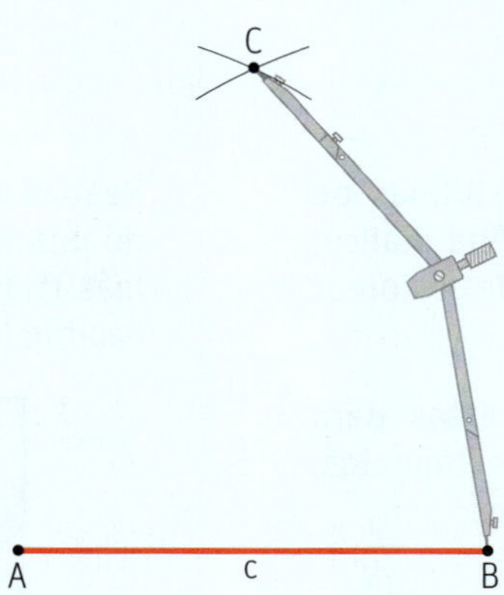

2. Con centro en sus extremos y radio la medida del lado igual, traza dos arcos que se cortarán en el vértice C.

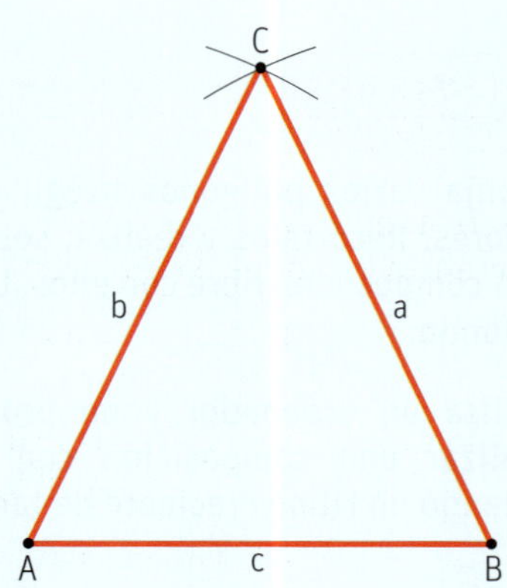

3. Al unir AC y BC se completarán los lados del triángulo isósceles buscado.

Construcción de un triángulo rectángulo conocidos su hipotenusa y un cateto

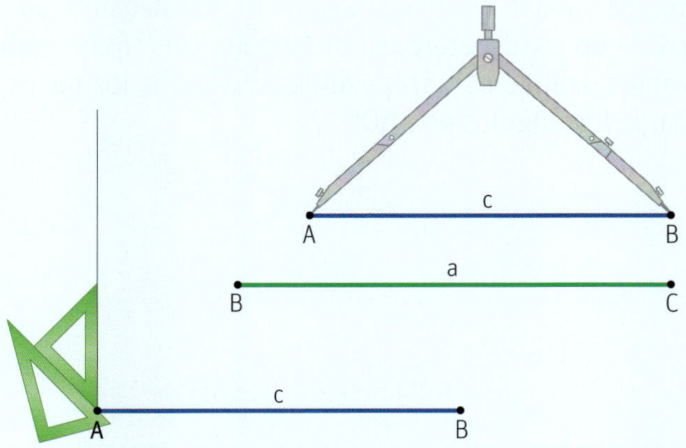

1. Con ayuda del compás dibuja el segmento ($\overline{AB}$). Y con la escuadra y el cartabón traza la perpendicular sobre el punto A.

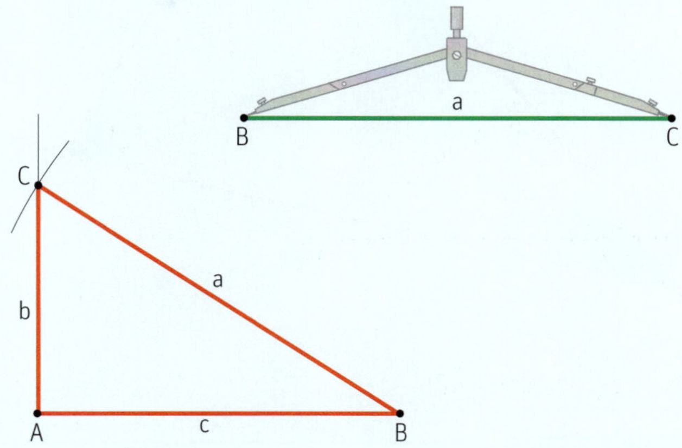

2. Con centro en B y radio a, traza un arco que corte la perpendicular en el vértice C. Uniendo B con C, obtienes el triángulo rectángulo.

Construcción de un triángulo escaleno dados dos lados y el ángulo comprendido

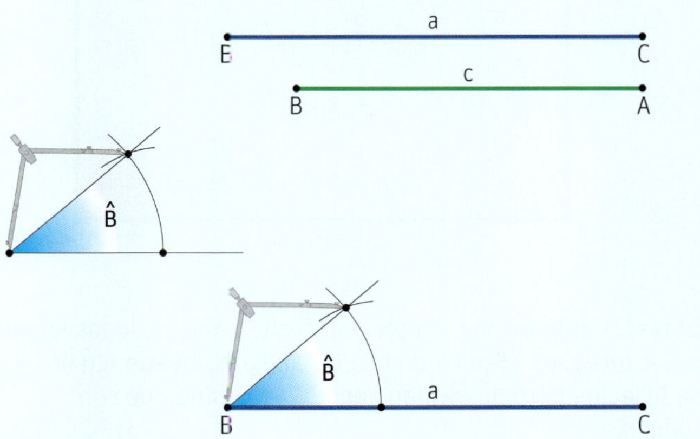

1. Traza uno de los lados conocidos, por ejemplo el lado mayor ($\overline{BC}$). En el vértice B, construye un ángulo igual al ángulo conocido $\hat{B}$.

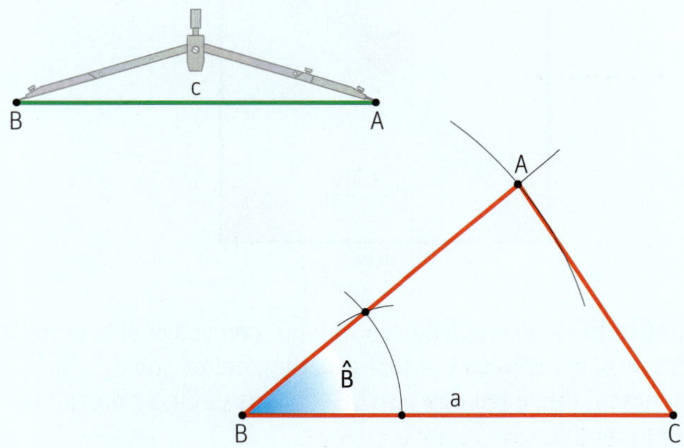

2. Sobre el lado obtenido, construye un segmento igual al otro lado conocido, ($\overline{BA}$). Al unir A con C se completa el triángulo.

ACTIVIDADES

1. Practica el trazado de triángulos. En ambos trazados diferencia los datos del proceso y del resultado.

a) Traza un triángulo rectángulo de hipotenusa 6 centímetros y un cateto de 4 centímetros.

b) Traza un triángulo escaleno con dos lados de 6 y 4 centímetros y el ángulo comprendido entre ambos de 75°.

c) Traza un triángulo isósceles cuyo lado desigual mida 3 centímetros y sus lados iguales 8 centímetros.

PRACTICA Amplía tus conocimientos sobre los triángulos siguiendo los pasos propuestos.

2. Realiza una composición artística con triángulos equiláteros, utilizando lápices de colores y rotuladores.

3 Cuadriláteros

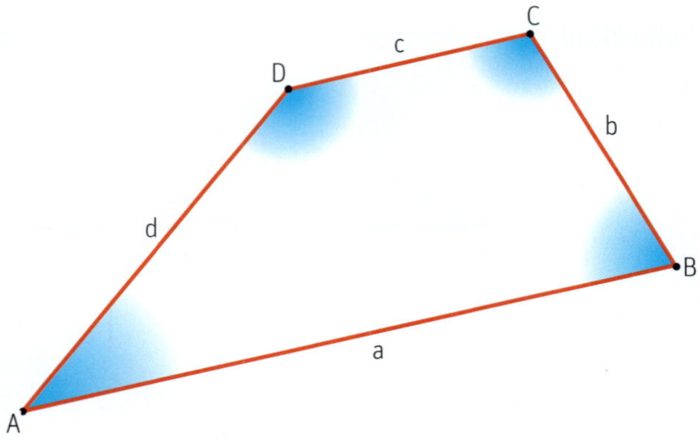

¿Qué es el cuadrilátero?

El **cuadrilátero** es un polígono de cuatro lados y, por tanto, de cuatro vértices. Según el paralelismo de los lados de un cuadrilátero, se distinguen tres tipos: paralelogramos, trapecios y trapezoides. En todos los casos, la suma de los ángulos es 360º.

Paralelogramos

Son los cuadriláteros que tienen los lados opuestos paralelos dos a dos, sus ángulos opuestos son iguales y sus diagonales se bisecan (es decir, se cortan en el punto medio) dividiendo el paralelogramo en dos triángulos o mitades exactamente iguales.

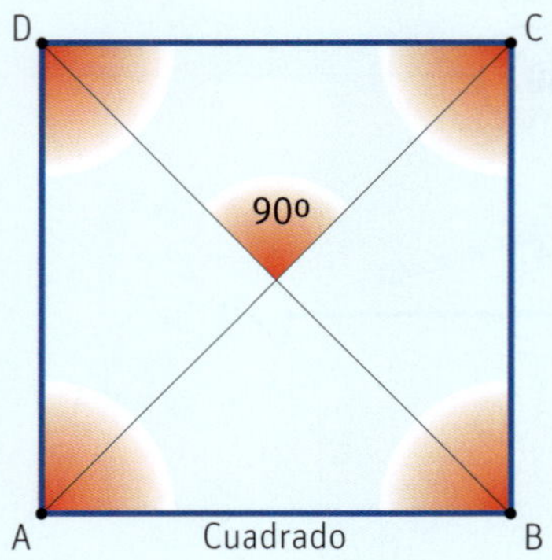

El **cuadrado** es un cuadrilátero regular, con sus cuatro lados y cuatro ángulos iguales (rectos). Las diagonales son perpendiculares e iguales y se bisecan, es decir, se cortan en el punto medio.

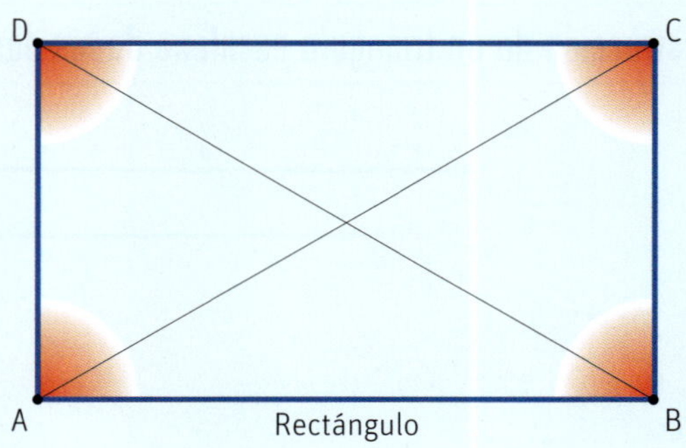

El **rectángulo** es un paralelogramo que tiene los lados iguales dos a dos y los ángulos rectos. Las diagonales son iguales y se bisecan, pero no forman ángulo recto, sino que son oblicuas.

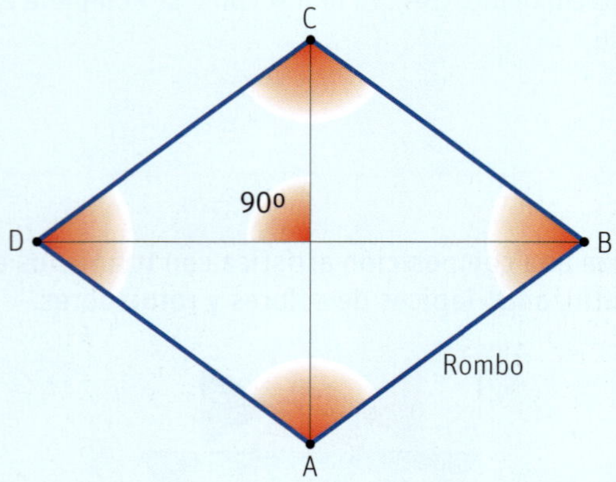

El **rombo** es un paralelogramo que tiene cuatro lados iguales, pero sus ángulos solamente son iguales al opuesto, y sus lados consecutivos, oblicuos. Las diagonales se bisecan y son perpendiculares y, aunque desiguales, forman ángulos rectos.

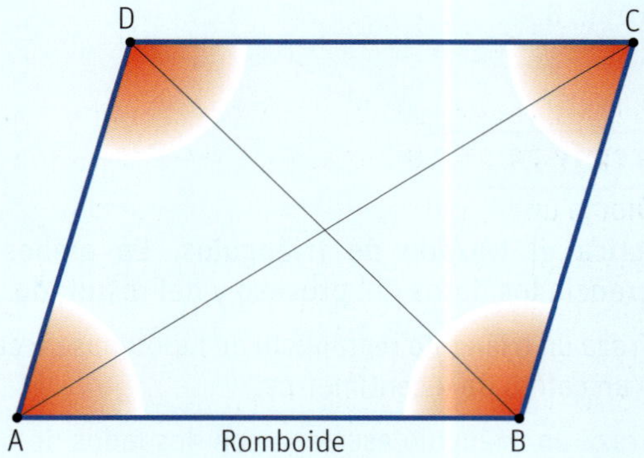

El **romboide** es un paralelogramo que tiene los lados y los ángulos iguales dos a dos y oblicuos los lados consecutivos. Las diagonales se bisecan, son oblicuas y son desiguales y forman ángulos distintos de 90º.

Trapecios

Son los cuadriláteros que tienen los lados opuestos paralelos dos a dos.

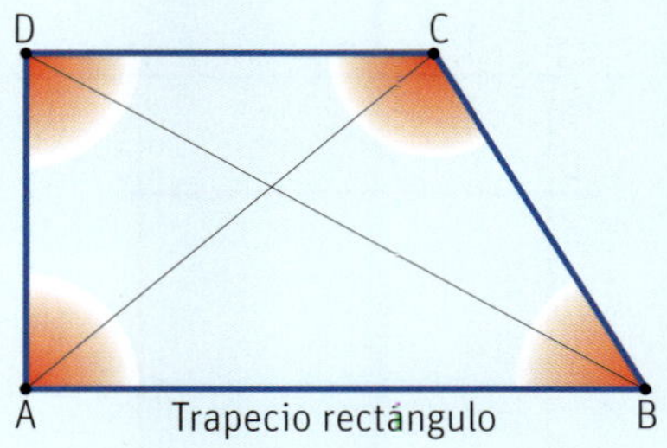

Trapecios rectángulos: tienen dos lados paralelos y dos ángulos rectos. Las diagonales son desiguales, oblicuas y no se bisecan.

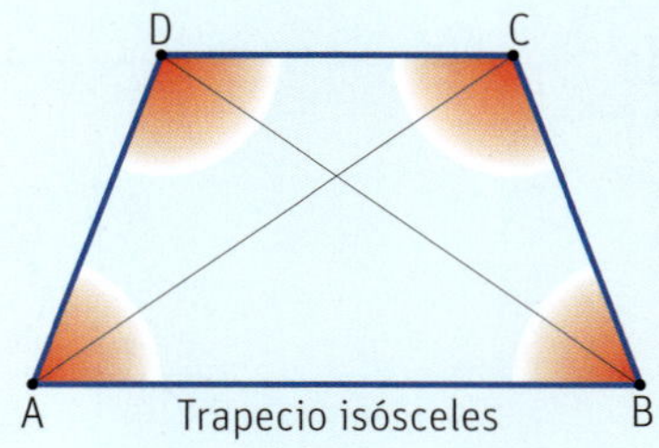

Trapecios isósceles: tienen dos lados paralelos y los ángulos iguales dos a dos. Las diagonales son iguales, oblicuas y no se bisecan.

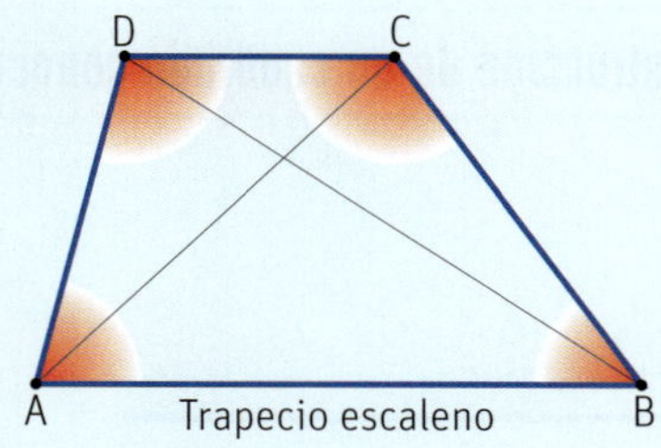

Trapecios escalenos: tienen dos lados paralelos y los cuatro ángulos desiguales. Las diagonales son desiguales, oblicuas y no se bisecan.

Trapezoides

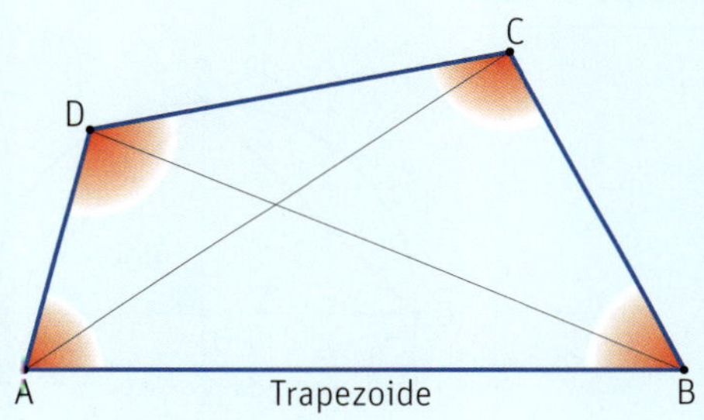

El **trapezoide** es un cuadrilátero que no tiene ningún lado paralelo, y sus lados y ángulos son diferentes. Las diagonales son desiguales, oblicuas y no se bisecan.

PRACTICA ¿Sabes distinguir los diferentes tipos de cuadriláteros?

ACTIVIDADES

1. **Observa el cuadro de Malevich en el que aparecen dos cuadrados de distinto tamaño, color y posición.**

a) Dibuja una composición a base de cuadriláteros.

b) A partir de esta obra, realiza otra deformando los cuadriláteros, convirtiendo los lados rectos en líneas curvas.

c) Observa el grado de dinamismo de tu nueva composición y evalúa si ha aumentado o no.

2. **Construye un rectángulo sabiendo que su diagonal mide 10 cm y uno de sus lados mide 5,5 cm.**

3. **Haz un cuadrado de lado 10 cm, indicando sus diagonales.**

a) Traza un cuadrado inscrito en su interior, coincidiendo sus centros, de 7 cm de lado. ¿A qué distancia se encuentran sus lados?

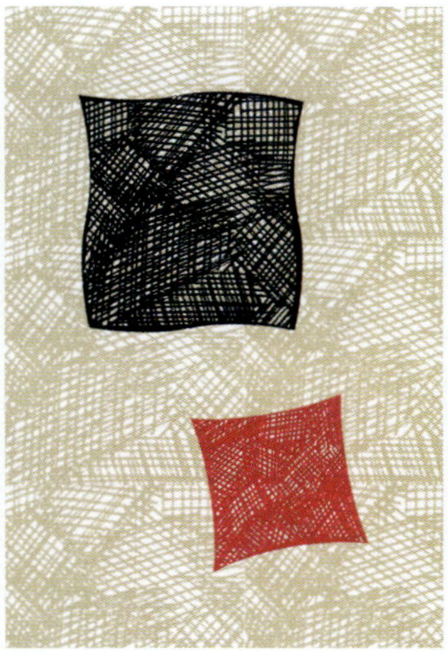

Kasimir Malevich: *Cuadrado rojo y cuadrado negro*, 1914.

4 Construcción de cuadriláteros

OBSERVA Observa en la animación los distintos métodos para crear cuadriláteros.

La construcción de cuadriláteros depende de las características de cada uno de ellos, así como de los datos conocidos.

Construcción de un cuadrado conocido el lado

1. Sobre los extremos del segmento $(\overline{AB})$, traza dos rectas perpendiculares, l y m.

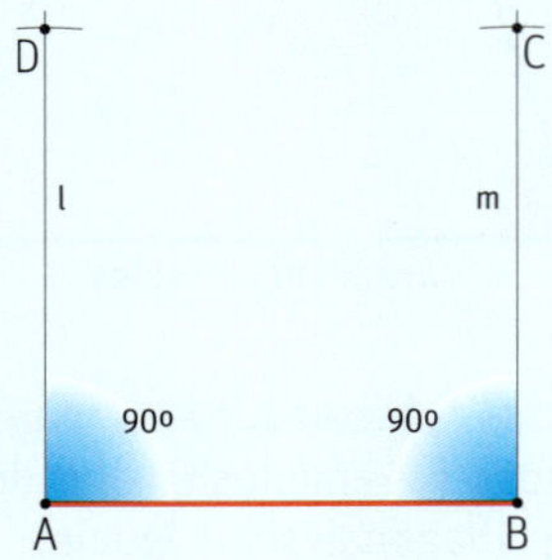

2. Con centros en A y B, transporta la medida del lado sobre l y m. Así obtendrás los puntos C y D.

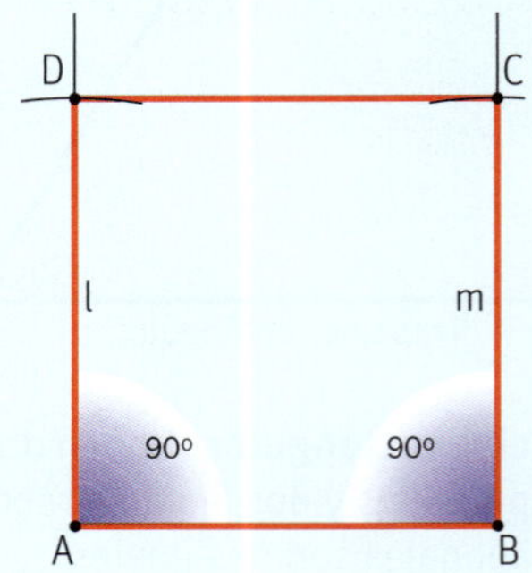

3. Une los cuatro puntos A, B, C y D.

Construcción de un cuadrado inscrito en una circunferencia conocido el radio

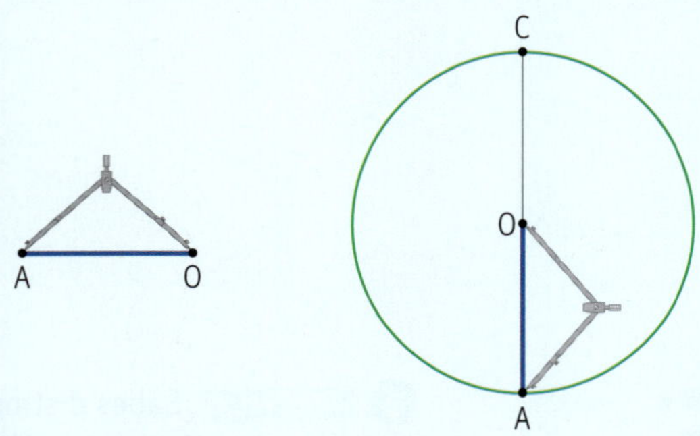

1. Dibuja una circunferencia de radio conocido $(\overline{OA})$, y traza con la regla en la misma un diámetro, con extremos A y C.

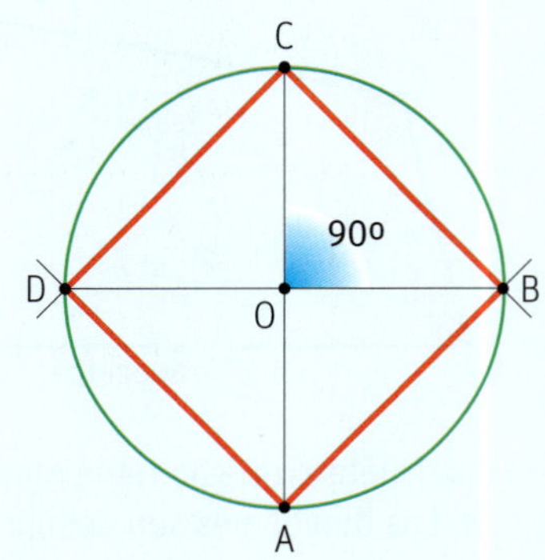

2. Trazando la mediatriz de $(\overline{AC})$, obtienes el otro diámetro del cuadrado, $(\overline{BD})$. Uniendo A, B, C y D consigues el cuadrado buscado.

Construcción de un rectángulo conociendo la diagonal y un lado

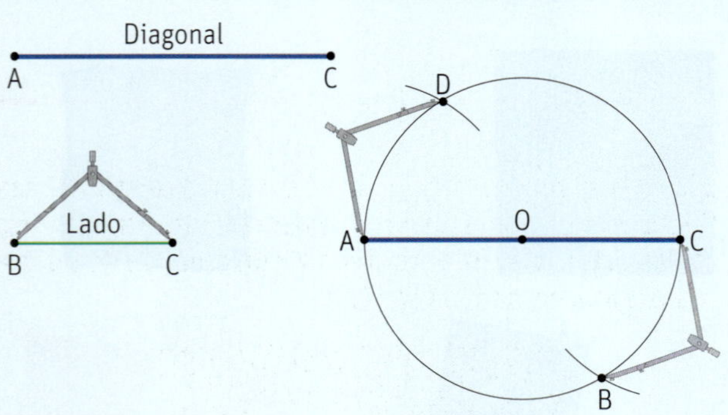

1. Traza la diagonal $(\overline{AC})$ y, con centro en su punto medio O, dibuja la circunferencia de radio $(\overline{OC})$.
Con centros en A y C, traza arcos de radio igual al lado, que cortan a la circunferencia en B y D.

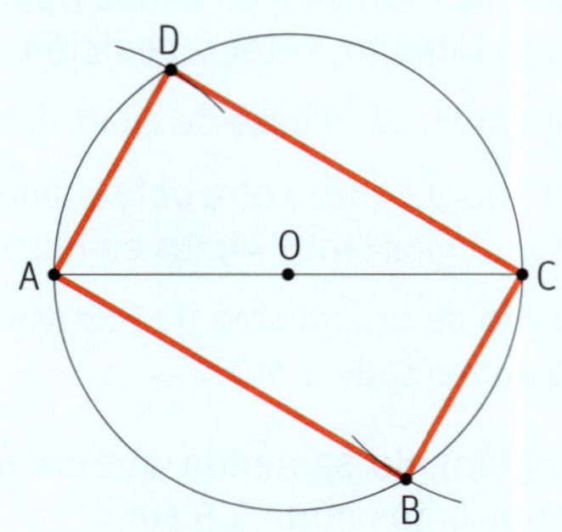

2. Con ayuda de la regla, une en orden los vértices A, B, C y D. Así obtendrás los lados del rectángulo buscado. Comprueba que los lados son paralelos dos a dos, y las diagonales, iguales y oblicuas.

Construcción de un rombo conocidas las diagonales

En esta construcción hay que tener en cuenta que las diagonales del rombo son perpendiculares y se cortan en su punto medio.

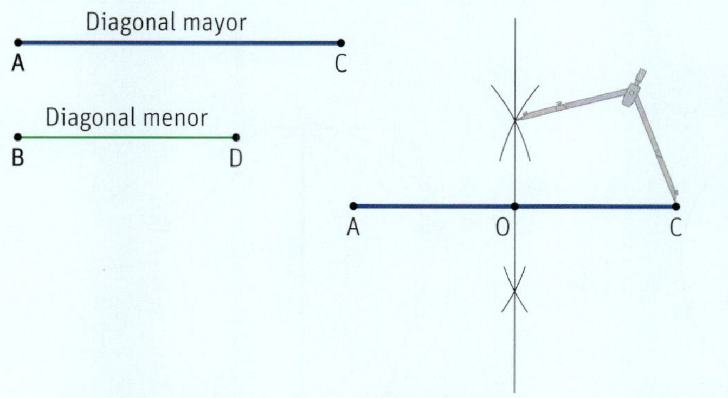

1. Con ayuda del compás y la regla dibuja la diagonal mayor ($\overline{AC}$) y traza su mediatriz, que corta ($\overline{AC}$) en el punto O.

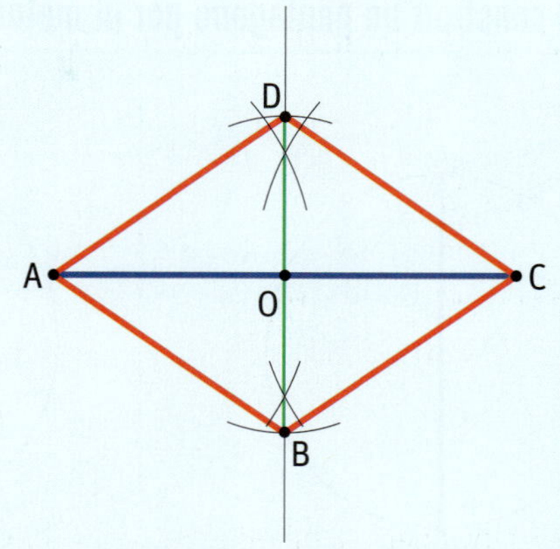

2. A partir de O, traza arcos que tienen como medida la mitad de la diagonal menor y cortan la mediatriz en B y D. Al unir los vértices A, B, C y D, obtienes el rombo.

Construcción de un trapecio rectángulo conocidas las bases y la altura

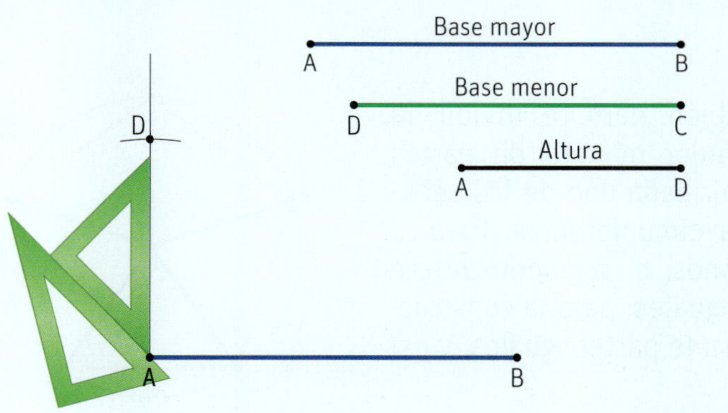

1. Dibuja la base mayor ($\overline{AB}$) y, por su extremo A, traza con la escuadra y el cartabón una perpendicular sobre la que se levanta la altura ($\overline{AD}$).

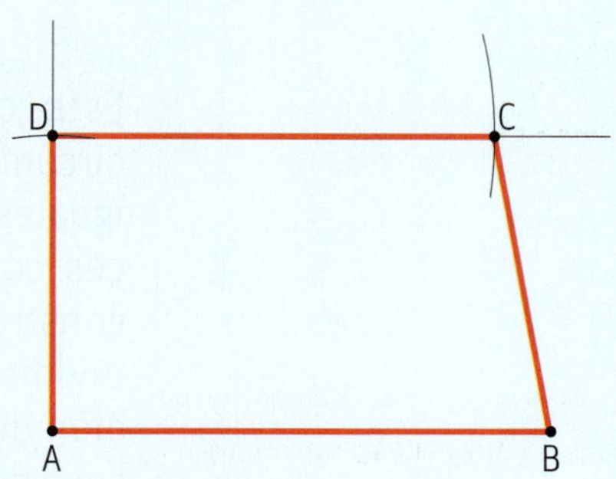

2. Por el punto D traza la paralela a la base ($\overline{AB}$), y sobre ella transporta el segmento ($\overline{DC}$). Al unir C con B, obtienes el trapecio.

ACTIVIDADES

1. Divide una lámina de dibujo en cuatro partes iguales y dibuja:
   a) Un cuadrado de 5 centímetros de lado.
   b) Un rombo de 7 centímetros de diagonal mayor y 5 centímetros de diagonal menor.
   c) Un cuadrado de 6 centímetros de diagonal.
   d) Un trapecio rectángulo de bases 7 y 5 centímetros y altura 4 centímetros.

   Rotula a tinta los trazados.

2. Dibuja un rectángulo en una cartulina negra. Traza las líneas como en la imagen. Recorta los ocho triángulos rectángulos iguales obtenidos y, con algunas de las piezas, realiza una composición libre.

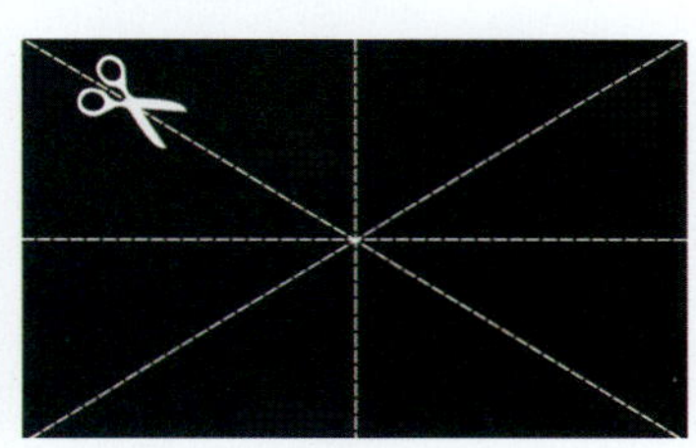

5 Construcción de polígonos regulares

Existen diferentes métodos para dibujar polígonos regulares. Con el **método general** se pueden trazar polígonos de cualquier número de lados.

Pasos para construir un pentágono por el método general

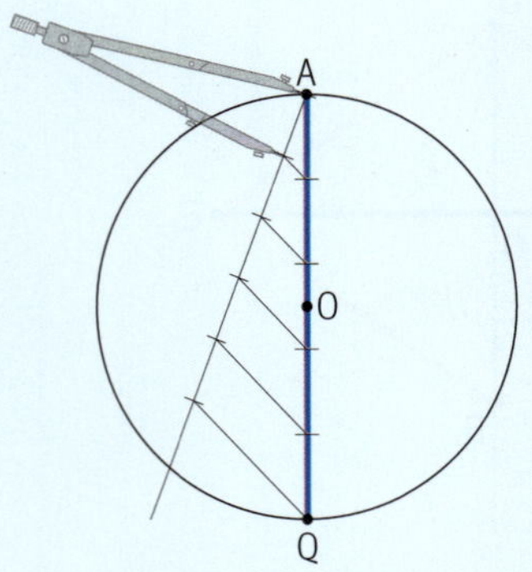

1. Dibuja un segmento $(\overline{AQ})$ y divídelo según el método de Tales en cinco partes iguales. Con centro en el punto medio del segmento $(\overline{AQ})$, traza con el compás una circunferencia de radio $(\overline{AQ})$.

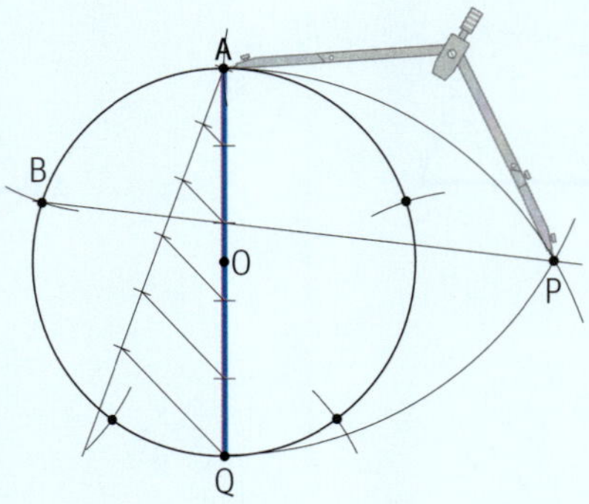

2. Con centros en A y Q, traza dos arcos de radio $(\overline{AQ})$ que se cortan en el punto P. Traza una recta que una la segunda división del diámetro y el punto P, y prolóngala hasta cortar en B la circunferencia.

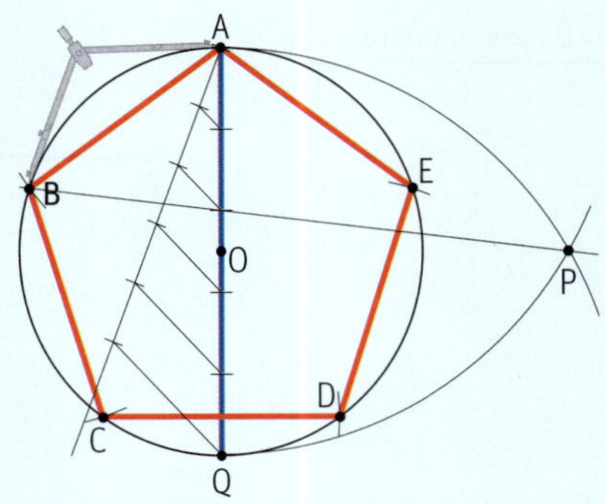

3. El segmento $(\overline{AB})$ es el lado del pentágono buscado. Transporta esta medida sucesivamente para obtener los vértices que faltan. Uniendo en orden los puntos A, B, C, D y E, obtienes el pentágono.

Esta construcción también permite dividir la circunferencia en cualquier número de partes iguales; bastaría con unir cada uno de los vértices con el centro de la circunferencia. Para la construcción de hexágonos, el segmento $\overline{AQ}$ se dividiría en seis partes iguales; para la construcción de heptágonos en siete partes iguales, y así sucesivamente.

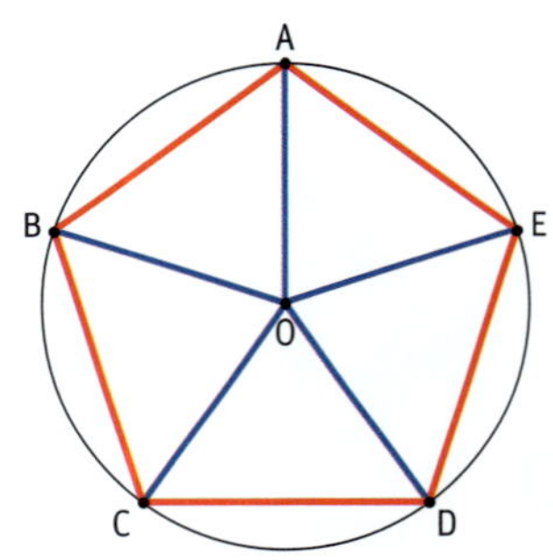

ACTIVIDADES

1. **Realiza una composición con polígonos regulares. Para ello, puedes seguir estos pasos:**

a) Dibuja en cartulinas de colores circunferencias de distinto radio. Construye en cada una de ellas diversos polígonos regulares.

b) Recorta los polígonos y pégalos en otra cartulina.

c) Colorea la composición resultante libremente con rotuladores.

6 Construcción de polígonos estrellados

A partir de polígonos regulares se pueden dibujar polígonos estrellados. Estos se obtienen alternando el orden de unión de los vértices del polígono regular.

OBSERVA Aprende a trazar un polígono estrellado con este vídeo.

Polígono estrellado de cinco puntas

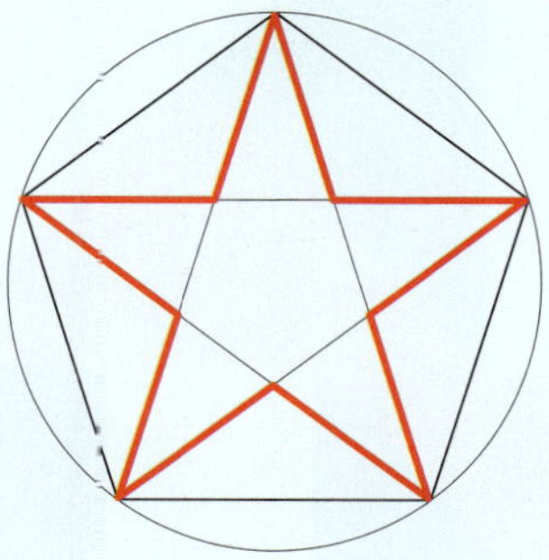

Dibuja un pentágono regular, borra el trazado auxiliar y une los vértices alternos.

Polígono estrellado de seis puntas

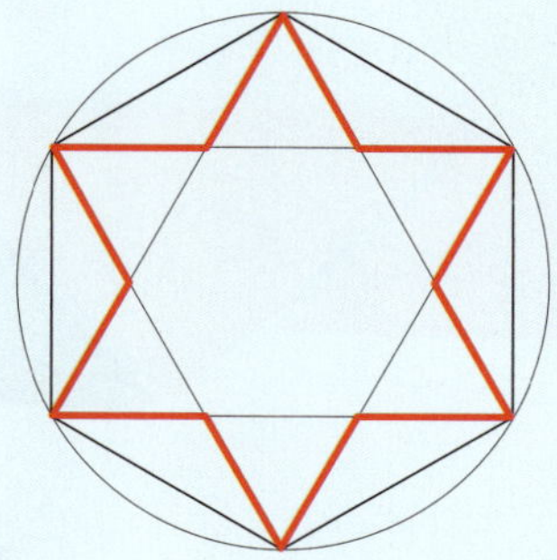

Dibuja un hexágono regular inscrito en una circunferencia y une los vértices alternos.

Polígono estrellado de siete puntas

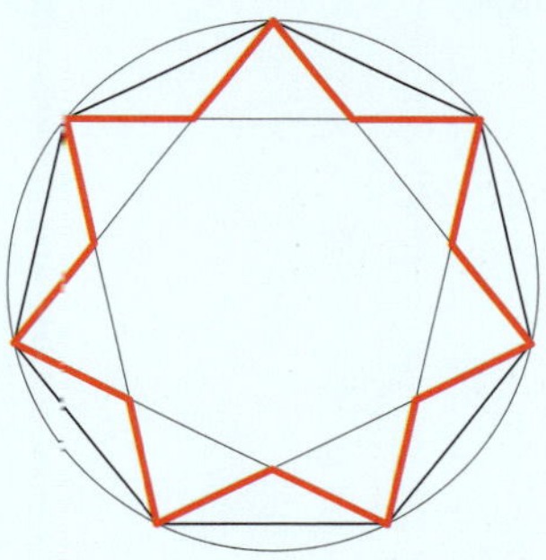

Método 1. Dibuja el heptágono regular por el método general y une los vértices alternos.

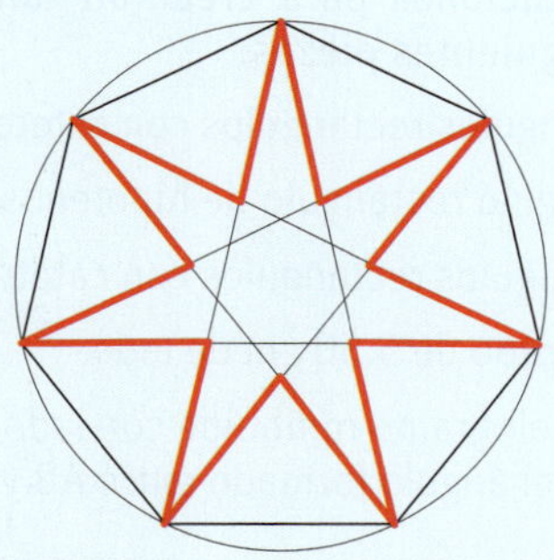

Método 2. Dibuja el heptágono regular y une los vértices, dejando, entre ellos, dos sin unir.

ACTIVIDADES

1. Observa detenidamente el interior de la cúpula del Mihrab de la mezquita de Córdoba. Como puedes apreciar, tiene forma de cuadrilátero regular que, en su interior, alberga un octógono regular y, dentro de este, se inscribe un polígono estrellado con líneas que no se cruzan en el centro. Además se generan también nuevos polígonos más pequeños, como son un octógono regular central, ocho triángulos y otros cuadriláteros trapezoides.

   Con las construcciones que ya conoces, diseña una cúpula algo más sencilla y decórala con rotuladores.

Interior de la mezquita de Córdoba, siglo x.

1. El juego del tangram consiste en formar figuras con todas las piezas y sin que se superpongan. En grupo, observad estas figuras creadas con las piezas del juego.

Figura 1.

Figura 2.

a) ¿Qué polígonos reconoces en cada figura?

b) ¿Qué polígonos son regulares? ¿Cuáles son irregulares? ¿Por qué?

c) Clasifica los polígonos de las figuras según el número de lados.

d) Clasifica los triángulos según la medida de sus ángulos.

2. Sigue las indicaciones para crear un tangram. En cartulinas de colores, dibuja y recorta las siguientes piezas:

- Traza dos triángulos rectángulos con catetos iguales de 10,50 cm.
- Traza un triángulo rectángulo de hipotenusa 10,50 cm y un cateto de 7,50 cm.
- Traza dos triángulos rectángulos con catetos iguales de 5,50 cm.
- Traza un cuadrado de 5,50 cm de lado.
- Traza un paralelogramo romboide con lado AB de 7,50 cm, lado AD de 5,50 cm y sabiendo que el ángulo formado entre AB y AD es de 45°.

3. Observa de nuevo las figuras de la actividad 1. Combina los polígonos de tu tangram para crear diferentes figuras. Recuerda que no pueden superponerse, deben estar en el mismo plano y que tienes que usar todos los polígonos.

Elige la figura que hayas construido que más te guste y pégala sobre una cartulina blanca.

4. Observa y analiza la siguiente obra del artista Victor Vasarely. Se trata de una composición creada a través de figuras inscritas unas dentro de otras y combinadas de diferentes colores.

Victor Vasarely: *Folk-lar,* 1973.

a) ¿Qué polígonos puedes observar en la obra?

b) En un papel blanco, grueso, crea una composición propia con polígonos regulares. Puedes combinar dos polígonos inscritos en circunferencias. Una vez hayas dibujado tu creación, colorea las figuras con rotuladores combinando los colores.

5. En grupos, buscad información de Victor Vasarely, su biografía y su obra. Preparad una presentación que contenga: fecha de nacimiento, nacionalidad, características visuales de su obra, etapas artísticas, etc.

6. Crea un mandala trazando un polígono estrellado de 7 puntas a través de un heptágono. Dibuja los detalles que quieras y colorea con lápices de colores.

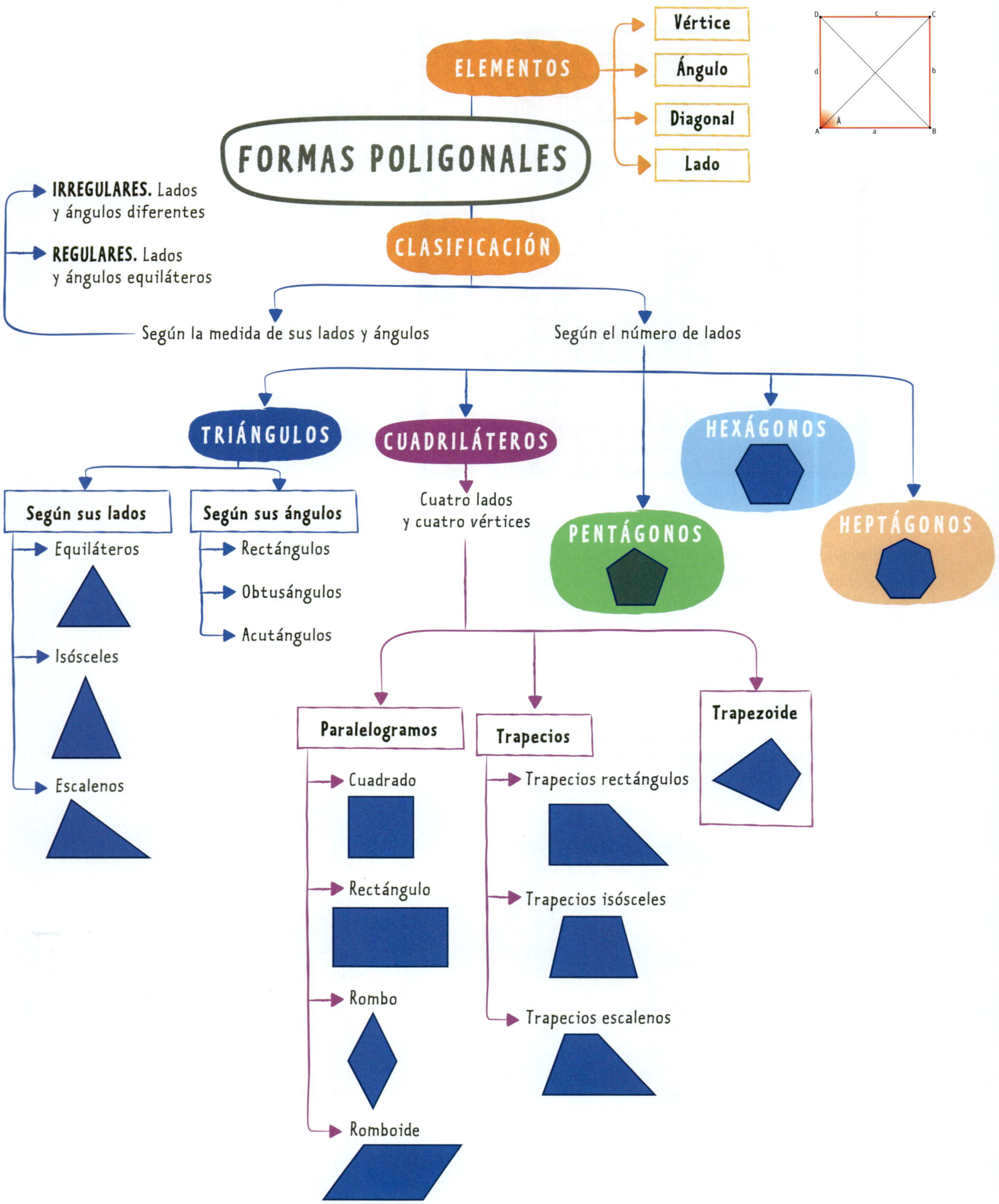

FORMAS POLIGONALES
ELEMENTOS
Vértice
Ángulo
Diagonal
Lado
CLASIFICACIÓN
IRREGULARES. Lados y ángulos diferentes
REGULARES. Lados y ángulos equiláteros
Según la medida de sus lados y ángulos
Según el número de lados
TRIÁNGULOS
Según sus lados
Equiláteros
Isósceles
Escalenos
Según sus ángulos
Rectángulos
Obtusángulos
Acutángulos
CUADRILÁTEROS
Cuatro lados y cuatro vértices
Paralelogramos
Cuadrado
Rectángulo
Rombo
Romboide
Trapecios
Trapecios rectángulos
Trapecios isósceles
Trapecios escalenos
Trapezoide
PENTÁGONOS
HEXÁGONOS
HEPTÁGONOS

AUTOEVALUACIÓN

1. Clasifica los siguientes triángulos e indica si son regulares o irregulares.

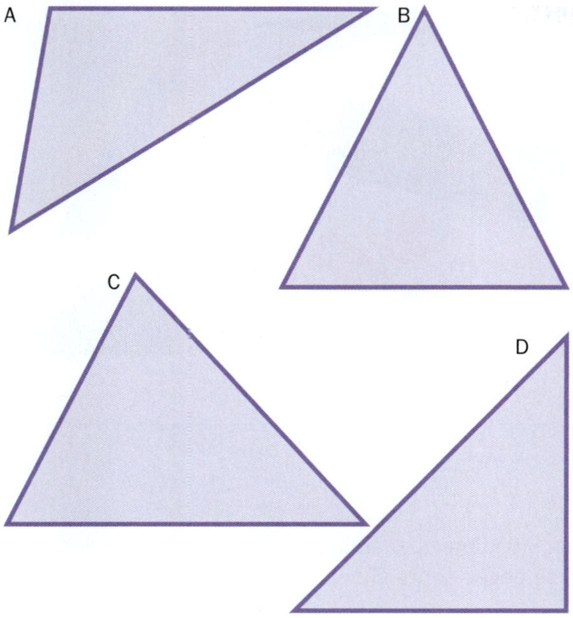

2. ¿Qué clase de triángulo es el que aparece en la imagen?

3. Dibuja un triángulo equilátero de 3 centímetros de lado.

4. Observa una escuadra y analiza qué tipo de triángulo es. Con lo que has aprendido en esta unidad, dibuja un triángulo como el que has identificado.

5. ¿Qué es un cuadrilátero? ¿Cuántas clases de cuadriláteros conoces? Defínelos.

6. ¿Qué tipo de trapecio es el siguiente? Dibuja en el cuaderno los otros dos tipos de trapecios que existen.

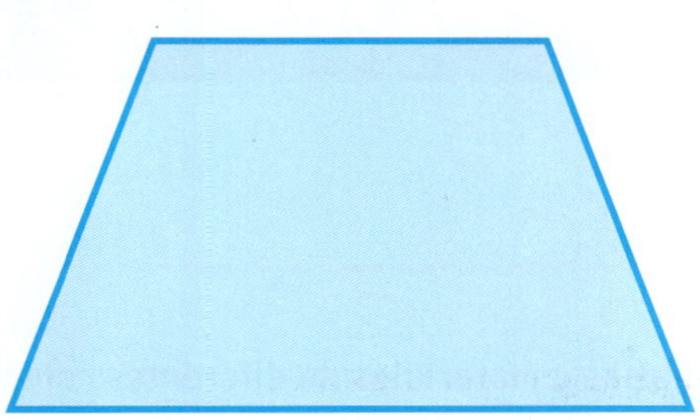

7. El paralelogramo que tiene los cuatro lados iguales y, además, los lados consecutivos oblicuos es:

a) El cuadrado.

b) El rombo.

c) El romboide.

8. ¿Qué es un trapezoide?

9. Observa los siguientes triángulos.

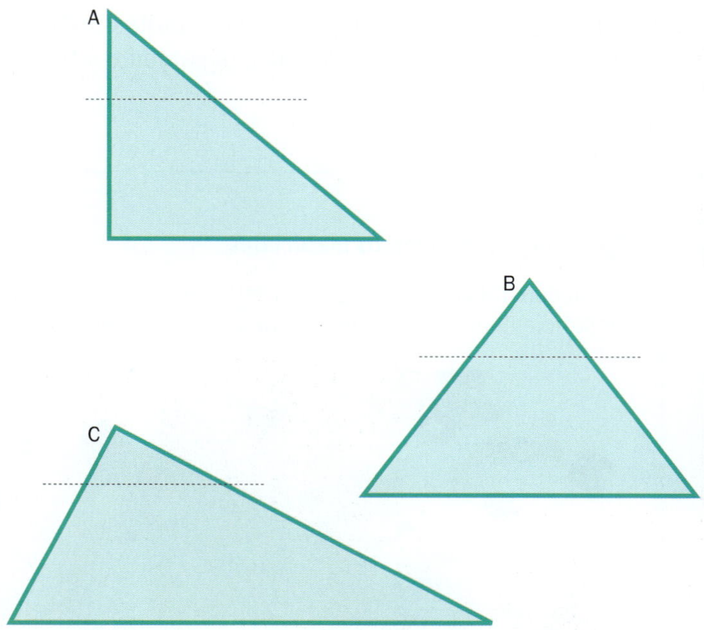

- ¿Qué figura se obtiene si seccionamos la parte superior por la línea punteada?

10. Dibuja un rombo sabiendo que la diagonal mayor mide 6 cm y la diagonal menor, 4 cm.

11. Dada una circunferencia de 3,5 centímetros de radio, dibuja un heptágono inscrito en ella.

12. Dada una circunferencia de radio 4 centímetros, dibuja el pentágono regular inscrito en ella y, a partir del mismo, el pentágono estrellado.

13. Analiza y describe las formas poligonales que presenta la planta diseñada por Victor Horta.

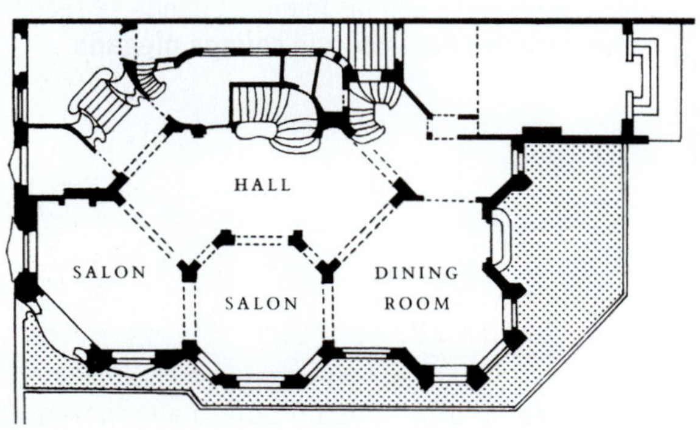

Victor Horta: *Casa Aubecq*, 1900.

VALORA LO APRENDIDO Comprueba lo que sabes en la Autoevaluación.

> El *collage*

El término ***collage*** deriva del verbo francés *coller*, que significa "pegar". Se trata de componer a partir de diversos elementos que el artista pega sobre un papel o un lienzo.

Si, sobre una superficie con objetos y recortes, colocamos un papel y frotamos con pintura sobre él para obtener más formas, hablamos de la técnica del frotado o *frottage*.

- **Técnica:** *collage*, frotado o *frottage*.
- **Material:** fotografías, papeles de diferentes texturas y grosores, distintos objetos, telas, pegamento y tijeras.

Técnicas

1 *Collage* con diversos materiales

Se pueden utilizar tanto papeles y telas como objetos de un cierto grosor y tridimensionalidad. El soporte siempre debe ser suficientemente resistente para que aguante el peso de aquello que se pegue sobre él.

Para producir una superficie con relieve se pueden utilizar diferentes recortes u objetos. Los papeles y las telas se pueden pegar arrugados sobre un soporte resistente, para preparar el fondo, y los demás elementos como formas principales.

Se pueden utilizar otros medios de sujeción como hilos, cintas adhesivas o grapas, integrándolos también como elementos expresivos en la composición. Una composición hecha con materiales gruesos se denomina ***collage* matérico**.

2 Transformación de una fotografía

A partir de una fotografía también se puede realizar un *collage* para recomponer una nueva imagen.

Los fragmentos que cortamos pueden ser de diferentes formas, colores, tamaños y se pueden combinar de variadas maneras e, incluso, doblarse; los trozos pueden cortarse con tijeras o rasgarse con las manos. Cuando se realizan estas composiciones hablamos de ***collage* plegado**.

ACTIVIDADES

1. Realiza un dibujo de un objeto a mano alzada. Después, recorta fotografías y materiales de diferentes colores, texturas y tamaños para rellenar el fondo del dibujo.

> Dibujo a mano alzada y dibujo lineal

El **dibujo a mano alzada** representa, de manera rápida, la idea de un dibujo con movimientos de la mano libres.

El **dibujo lineal** representa de manera exacta, a través del trazo de líneas y puntos, un objeto real.

- **Técnica:** seca, que es aquella que es sólida y no necesita disolvente, y húmeda, que es la pintura diluida y se aplica con pincel u otro instrumento.
- **Material:** plumillas, tinta y pinceles, estilógrafos, portaminas, goma de borrar y todo tipo de reglas.

Técnicas

1 Trazos a mano alzada

Se realizan sin recurrir a utensilios, ayudándonos solamente del pulso y el movimiento de la muñeca. Las plumillas dejan líneas finas; utilizando pincel, el grosor del trazo dependerá del tamaño de este y de la acuosidad empleada.

Se pueden realizar dibujos figurativos a mano alzada, tanto con distintos materiales de técnicas húmedas como con aquellos de técnicas secas.

También, podemos componer dibujos más geométricos a mano alzada a modo de boceto o diseño para después ser pasados a limpio.

2 Trazados de dibujo lineal

El trazo de los estilógrafos es uniforme y preciso y pueden acoplarse al compás con un adaptador. Es recomendable utilizarlos sobre un papel liso y satinado o bien sobre papel vegetal. Para realizar trabajos a tinta en dibujo lineal, es aconsejable seguir las siguientes pautas.

Se realiza el dibujo previo o boceto con portaminas.

Con las plantillas limpias, se trazan con el estilógrafo las líneas de arriba abajo y de izquierda a derecha. Así no se emborronará el dibujo.

Con un estilógrafo de mayor grosor, se trazan las líneas correspondientes al resultado para resaltarlo.

> Los lápices de grafito y de colores

Las minas de los **lápices de grafito** se clasifican con un sistema de siglas en inglés, siendo H (*hard*) la dureza, B (*black*) el grado de negro y HB la dureza intermedia. La variedad de lápices que podemos encontrar suele ir del 9H (el más duro) al 9B (el más negro y blando).

- **Técnica:** seca.
- **Material:** lápices, goma de borrar, difuminos, algodón, y papel de técnica seca.

Técnicas

1 Gradación de grises

Para manejar con eficacia los lápices de grafito, es conveniente realizar primero ejercicios de destreza basados en lograr matices de grises degradados suavemente.

Gradaciones realizadas con un lápiz 4B

Con lápiz se comienza trazando líneas con la máxima presión, que disminuye progresivamente. En la parte inferior se han juntado todas las líneas acentuando la presión para conseguir una superficie degradada.

Gradaciones realizadas con un lápiz 2B

Se ha cubierto el papel con pequeños trazos gruesos y cruzados con una presión baja. Se han dibujado trazos fuertes y finos sobre los anteriores hasta conseguir varias capas que dan sensación de profundidad.

2 Efecto de sombreado

El **sombreado** consiste en oscurecer gradualmente algunas zonas del dibujo o su totalidad para conseguir efectos de claroscuro o volumen. Los efectos obtenidos en este dibujo se obtienen combinando lápices duros y blandos.

Con un lápiz H se trazan líneas con diferentes texturas visuales: entrecruzadas, paralelas, punteadas, etc., que den lugar a una trama muy marcada.

Sobre esta trama se trazan suavemente líneas muy juntas con un lápiz B, hasta que las líneas realizadas con el lápiz duro aparezcan más claras que el resto.

Con los lápices blandos, se podrán concretar las formas destacándolas del fondo por medio de sombreados que podrán ser más intensos y más negros.

El **lápiz de color** es un material con el que se puede desarrollar la técnica seca, pero también existen lápices acuarelables que se diluyen con agua y pincel y, en ese caso, estaríamos hablando de lápices de colores de técnica húmeda.

- **Técnica:** seca.
- **Material:** lápices de colores, goma de borrar, difuminos, algodón y papel de técnica seca.

Técnicas

1 Efectos de gradación y transparencia

Se puede recurrir a diferentes procedimientos para producir efectos de luces y sombras con lápices de colores. Se pueden combinar distintos tipos de presión o utilizar una goma de borrar para eliminar pintura en determinadas zonas.

El **efecto degradado** se consigue aumentando la presión del lápiz, acercando los trazos hasta unirlos o superponiendo más capas de color. También se puede conseguir entrecruzando las líneas.

El **efecto de transparencia** se consigue superponiendo y entrecruzando varias pasadas de lápiz. Colocando cartulinas como plantillas, sobre el papel, se consiguen formas y bordes definidos.

2 Contrastes y matices de color

Cuando se combina diferente presión y distintos colores sobre el papel se debe aplicar el pigmento de manera cuidada, porque si se presiona excesivamente podría desaparecer la textura del soporte, consiguiendo que este no admita más pintura y se produzca el efecto "hule", como si se pintara sobre plástico.

Los contrastes de **valor tonal** son diferencias notables de claroscuro. Los colores se oscurecen con negro y se aclaran con goma, afilada como un lápiz.

Para obtener matices de color, se mezclan colores entre sí suavemente hasta conseguir **la saturación** deseada. Cada clase de color reacciona de manera diferente.

ACTIVIDADES

1. Realiza varias gradaciones sobre papel rugoso, superponiendo dos o más tonos. Puedes introducir transparencias si lo deseas.
2. Diseña una composición trazando líneas continuas y onduladas superpuestas con lápices de grafito de diferentes durezas en direcciones distintas para conseguir un degradado.

> La pintura a la témpera

En su origen, el término "témpera" se refería al "temple", una técnica pictórica muy utilizada en la Edad Media, en la que la pintura se fabricaba con huevo.

La **témpera** corresponde a un tipo de pintura aguada o *gouache*, es decir, de pintura "lavada", realizada al agua.

- **Técnica:** húmeda, *gouache*.
- **Material:** témperas, pinceles, cepillos, agua y papel de técnicas húmedas.

Técnicas

1 Tintas planas y degradado

Las témperas pueden ser trabajadas con diversos procedimientos para lograr efectos variados, pero no se debe cargar con mucha pintura el pincel, ya que cuando la témpera se seca tiende a agrietarse si hay demasiada cantidad.

La **tinta plana** consiste en utilizar la pintura con un mismo grado de espesor y repartirla de manera uniforme sobre la superficie elegida.

El **degradado** consiste en trabajar con diferentes espesores de pintura, es decir, unas veces más aguada y otras más densa y conseguir así cambios de tono, valor y saturación.

2 El estarcido

Es una técnica pictórica que consiste en pulverizar pintura bien disuelta en agua sobre una superficie. Esta técnica se emplea, generalmente, para realizar composiciones basadas en siluetas, combinando diferentes tonos y texturas.

El **estarcido con plantillas** consiste en pulverizar con pintura la superficie del dibujo tapándola con plantillas de papel, cartón o plástico. Al levantarla, queda marcada una silueta perfilada por la pintura que se ha pulverizado.

El **estarcido con plantillas huecas** se realiza recortando las figuras elegidas en el interior del papel. El resultado es una combinación de texturas: las del fondo con las nuevas surgidas del estarcido.

Técnicas

3 La estampación

Consiste en traspasar pintura húmeda de un soporte a otro aplicando una ligera presión sobre los dos. Los soportes pueden ser muy variados consiguiendo, también, diferentes texturas. El procedimiento adecuado es el siguiente:

Se pinta sobre el soporte utilizando bastante pintura. Este proceso hay que realizarlo sobre superficies no muy grandes y de manera rápida para que no se seque la pintura antes de ser traspasada.

Se estampa sobre un papel grueso previamente humedecido con una esponja o con un pulverizador. Se presiona suavemente y, después, se despegan poco a poco ambas superficies.

4 Goteo y esponja

La témpera admite trabajar con diferentes instrumentos y con superposición de capas de pintura, pero deben estar bien secas las superficies pintadas antes de aplicar más pigmento, sino arrastraríamos la pintura de capas anteriores.

La pintura se puede depositar a base de **goteo** de pintura, salpicando con diferentes tipos de pinceles, brochas, cepillos de dientes, etc., rascándola con los dedos. También puede ser salpicada con aerógrafo o botes de aerosoles.

La **esponja** también nos sirve como medio para la estampación y el estarcido a base de superposición de capas de pintura. Según la esponja utilizada, pueden aparecer diferentes texturas en nuestra superficie.

ACTIVIDADES

1. Realiza gradaciones de color utilizando la pintura mezclada con agua.
2. Realiza un estarcido sobre un cartón rizado utilizando como plantilla la silueta de tu mano, como ya se hacía en la pintura rupestre.

> Los rotuladores

El **rotulador** es un instrumento y un material que consta, generalmente, de un cilindro con punta de fieltro o plástico que traslada la tinta hasta el papel de dibujo.

Hay rotuladores especiales para dibujar sobre plásticos.

- **Técnica:** húmeda.
- **Material:** rotuladores, papel, pinceles y agua.

Técnicas

1 Efectos de transparencia

Para crear el **efecto de transparencia** se debe tener en cuenta el color del papel, puesto que el rotulador es un material que, por sus componentes de fabricación, ya aporta bastante transparencia y, si el papel es de un color muy saturado u oscuro, no se apreciarán bien las tonalidades de los rotuladores. Los efectos plásticos del rotulador también varían según el soporte que se vaya a utilizar (liso, rugoso, satinado, brillante, blanco, translúcido o coloreado).

La tinta de un rotulador es un buen material para realizar transparencias como las que se obtienen con los lápices de colores. Estas transparencias se han hecho con **trazos continuos**.

Se pueden realizar transparencias con **líneas paralelas y cruzadas**. Cuanto más próximas estén las líneas entre sí se produce sensación de oscuridad, y cuanto más lejanas y finas se observarán degradadas. Al aplicar unas líneas sobre otras se obtendrán más colores por superposición y transparencia de capas.

2 Aguada

Esta técnica consiste en humedecer un pincel en agua o alcohol y pasarlo por la superficie sobre la que se ha pintado con rotulador. Con ello, se diluyen los trazos gruesos o finos y se crean efectos de transparencia.

Los rotuladores pueden ser fabricados a base de agua o de alcohol; por ello, para realizar la **aguada** también es importante destacar que, si la superficie es plástica, la tinta de los rotuladores al agua no se adherirá bien a la superficie.

ACTIVIDADES

1. Crea un dibujo con líneas utilizando rotuladores de distintos colores. Pinta sobre un papel liso para que las zonas de color adquieran apariencia de tintas planas.

2. Realiza un ejercicio empleando la técnica de la aguada con rotulador. Observa cómo la tinta se difumina sobre el papel.

EL ARTISTA. ROY LICHTENSTEIN

Roy Lichtenstein fue un pintor, escultor y artista gráfico estadounidense de arte pop. Su obra está inspirada en el lenguaje del cómic, utiliza fundamentalmente colores como el rojo, el amarillo, el negro y el azul y trabaja trazos sencillos como líneas y puntos básicos.

La técnica del rotulador era muy utilizada por Lichtenstein a la hora de preparar los bocetos para sus obras, como el diseño de la portada que realizó en el año 1966 para la revista internacional *Newsweek*.

Las obras de Roy Lichtenstein, muchas de gran tamaño, representaban escenas y temas de la vida cotidiana americana y, en muchas ocasiones, eran una crítica a la sociedad de consumo.

Roy Lichtenstein: *Sunrise*, 1965.

1. **¿Qué elementos plásticos intervienen en este cuadro?**
2. **Señala cuántos colores identificas en la obra. Indica si son colores planos o si el pintor utiliza mezclas y gamas.**
3. **Diseña un cartel cuyo motivo y fondo esté realizado con la técnica de la aguada con rotuladores y combinado con efectos de transparencias y trazos lineales. Elige previamente los colores que quieres utilizar para conseguir el resultado que desees.**

> Ceras, pastel, conté y tizas

Las **ceras**, los **pasteles**, las **barras conté** y las **tizas** están fabricadas con distintos materiales que determinan el tacto y el resultado de sus pinturas.

La técnica más adecuada para trabajar sus sombreados es el **difuminado**, que se puede realizar con algodón, difuminos o, directamente, con nuestros dedos.

- **Técnica:** seca, difuminado.
- **Material:** ceras blandas, pastel, barras conté, tizas, algodón, difuminos y papeles rugosos.

Técnicas

Las técnicas secas necesitan **fijativos**, como la laca, para asegurar la pintura al papel que se ha utilizado.

1 Las ceras

Las **ceras** también se denominan **pasteles grasos** o **al óleo**. Son barras de distintos grosores y colores y resultan excelentes para **manchas de color** que no requieran una gran cantidad de detalle.

2 Los pasteles

Existe una amplia variedad de calidades, durezas y colores de **pasteles**. Son barras cuadradas o en forma de cilindro, aunque también hay **lápices al pastel**, más útiles para detalles pequeños.

3 Las barras conté

Las **barras conté** también denominadas "cretas", son barras, minas o lápices que resultan más duros de difuminar. Las más comunes son de colores blancos, grises, negros y rojizos. A estas últimas se les llama "sanguinas".

4 Las tizas

Las **tizas** son aplicadas con distintos tipos de difuminado, sin embargo, la diferencia respecto a las anteriores barras conté es que son más opacas y más secas que estas.

ACTIVIDADES

1. Realiza un dibujo de un paisaje con manchas de color, creando efectos de difuminado en las zonas necesarias.

> Los óleos y acrílicos

Los **óleos** son de densidad pastosa y se diluyen con esencia de trementina o aguarrás y tardan en secar.

La **pintura acrílica** es soluble en agua y, como es pintura plástica, resulta impermeable y seca a gran velocidad.

Ambas técnicas se pueden aplicar sobre lienzo, madera o papeles específicos, con pinceles o espátulas, que también son útiles para mezclar los colores en la paleta.

- **Técnica:** húmeda.
- **Material:** óleos, esencia de trementina, aguarrás, acrílicos, agua, pinceles y espátulas.

Técnicas

1 Tintas planas y transparencias

Las **tintas planas** realizadas con óleos o acrílicos se construyen pintando sobre una figura dibujada previamente, partiendo de una aguada,que cubre toda la superficie, sobre la que aplicar después los colores definitivos.

Se consiguen **transparencias** aplicando muy poca pintura en el pincel y arrastrándola. Después, se deja secar la capa y se repite el proceso hasta lograr el efecto deseado.
Las transparencias también se denominan "veladuras".

2 Integración de pinceladas y puntillismo

La **integración de pinceladas** consiste en aplicar los colores en gradaciones continuas y pueden difuminarse más entre ellos o ser pinceladas más sueltas y espesas.

Deben emplearse pinceles finos para realizar **puntillismo** y requiere precisión y paciencia, pues son trazos muy pequeños a modo de puntos yuxtapuestos o superpuestos.

ACTIVIDADES

1. Realiza una composición abstracta en la que puedas jugar con los efectos de transparencias y observar cómo aparecen más colores con las veladuras.

> La arcilla

La **arcilla** es un material natural que se utiliza para modelar desde los orígenes de la humanidad.

La arcilla o barro debe mantenerse húmedo en bolsas de plástico para trabajar la escultura y conservarla así hasta terminarla.

Si se hornea la figura, se denomina “terracota”.

- **Técnica:** modelado en relieve o bulto redondo; técnica aditiva.
- **Material:** arcilla, palillos de modelar, vaciadores, caballete con plataforma giratoria, alambre, pinceles o cepillos y barniz.

Técnicas

1 El modelado en arcilla

El modelado es una técnica escultórica **aditiva** que consiste en construir una forma con materiales blandos y maleables que se puedan añadir y quitar sin dificultad.

El **relieve** consiste en tratar una figura modelada que sobresale de la superficie. Existe el **alto**, **medio** o **bajorrelieve**.

Después de trazar las líneas del dibujo, se comienza a añadir o extraer arcilla según la necesidad que el boceto precise.

Cuando la figura se puede observar desde cualquier punto de vista, hablamos de una escultura **de bulto redondo** o exenta, partiendo de un bloque de arcilla al que vamos quitando y poniendo material por planos.

Luego se va ajustando la figura, poco a poco, y detallando con los palillos adecuados para alisar o hacer texturas. Si se va a hornear, se debe realizar un vaciado del interior partiendo la figura en dos con un alambre.

ACTIVIDADES

1. Realiza un relieve. Para ello, debes humedecer ligeramente un bloque de arcilla y amasarlo. Forma una placa de un grosor regular de unos 2 centímetros.

   A continuación, dibuja con un palillo sobre la superficie un esquema aproximado de la forma que desees realizar.

   Luego, ve añadiendo material poco a poco hasta conseguir la figura ideada y, cuando esté bien seca, píntala con témperas y barnízala.

> La madera

La **madera** es un material natural utilizado tanto para escultura como para crear elementos arquitectónicos. Existen maderas duras y maderas blandas que definen el resultado de la obra y la facilidad o dificultad del proceso escultórico.

- **Técnica:** talla de madera en relieve o bulto redondo; técnica sustractiva.
- **Material:** madera, gubias, formones, mazos, cola blanca, gafas y guantes de protección y barniz.

Técnicas

1 La talla en madera

La talla, tanto en madera como en piedra, es una **técnica sustractiva**, es decir, se elimina el material con el que se trabaja hasta conseguir la forma deseada. Es muy importante, cuando se realiza una escultura en madera, cubrirse con gafas de protección y guantes apropiados de cuero para evitar clavarse astillas.

Para esculpir un **relieve** en este material, se traza un dibujo realizado sobre el fragmento de madera natural y, rebajando el contorno del boceto con gubias de diferentes tamaños, se alejan figura y fondo creando un efecto de profundidad y de tridimensionalidad.

Comienzan a perfilarse los detalles con gubias de distintos tamaños. Cuando se finaliza, puede dejarse con su color natural o pintarse para que tenga diferentes colores, pero siempre es adecuado **barnizarla** para una mejor conservación.

Las esculturas de bulto redondo de madera se realizan a partir de un proceso de **encolado**, que consiste en pegar las piezas necesarias de madera colocadas de manera que nos ayuden a conseguir, más fácilmente, la forma del boceto.

Con los formones se rebajan algunas partes y se realizan cortes rectos para comenzar a tallar todos los detalles con las gubias. Cuando se finaliza la escultura, debemos lijarla si queremos un resultado liso antes de ser barnizada.

> Estilógrafos, bolígrafos y portaminas

Los **estilográficos**, **bolígrafos** y **portaminas** son utilizados para realizar trazos detallados y perfeccionistas y obtener así resultados claros y limpios. Son muy útiles para el dibujo técnico y para rotular los cómics.

- **Técnica:** húmeda, aquello que contenga tinta líquida, y seca, el resto.
- **Material:** estilógrafos, bolígrafos, tinta para recargar si es necesario, papel, portaminas, goma de borrar y difuminos o algodón.

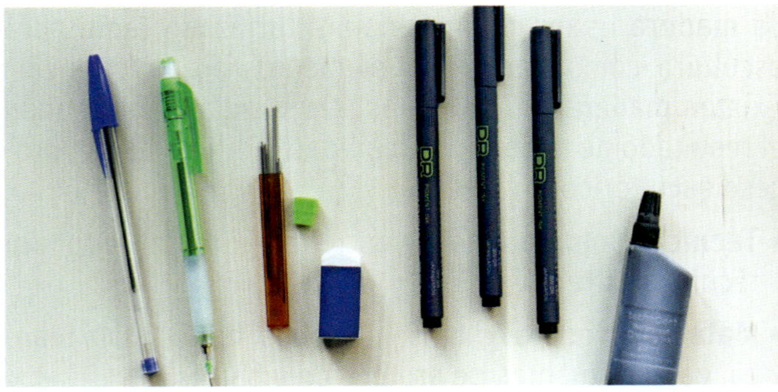

Técnicas

1 Estilógrafos y bolígrafos

Se componen de tinta líquida y necesitan emplearse con gran precisión. Por tanto, es importante que, antes de utilizarse, se tenga un boceto previo de los trazos que se van a realizar con estos materiales, puesto que son muy complicados de borrar.

Los **estilógrafos** pueden ser desechables o recargables. Estos se componen de piezas desmontables que deben mantenerse siempre muy limpias para que la tinta no se obstruya. Los hay de diferentes grosores.

Los **bolígrafos** son de gran utilidad para realizar sombreados muy estéticos. Se utiliza la superposición de líneas para crear degradados, pero también se pueden difuminar cuando la tinta todavía no está seca en el papel.

2 Portaminas

El **portaminas** es un material de escritura y dibujo que funciona con minas y de manera mecánica.

Las minas son idénticas a las de los lápices de grafito y se clasifican de la misma manera. Las minas más finas son muy frágiles y se rompen con gran facilidad, por ello es importante no apretar mucho cuando se utilizan.

Se trabajan de un modo muy parecido a los lápices de grafito y la manera de sombrear y obtener degradados es muy similar, pero se pueden conseguir resultados más limpios y crear detalles que requieren más precisión.

ACTIVIDADES

1. Realiza un dibujo con formas de trazado geométrico con los estilógrafos de diferentes grosores y rellénalos utilizando la técnica de sombreado con bolígrafos.
2. Diseña la misma composición que has realizado con los lápices de grafito para que puedas observar las similitudes y diferencias con el portaminas.

> Instrumentos de trazado geométrico

En gran cantidad de composiciones se necesita medir, relacionar, comparar, trazar líneas rectas o curvas, etc. Por ese motivo, es fundamental que también conozcamos diferentes útiles o **instrumentos de trazado geométrico** como la escuadra, el cartabón, el goniómetro, la regla francesa o el compás.

Instrumentos

1 Escuadra

2 Cartabón

3 Goniómetro

Es un instrumento para mediciones exactas de ángulos y también se llama “transportador universal”.

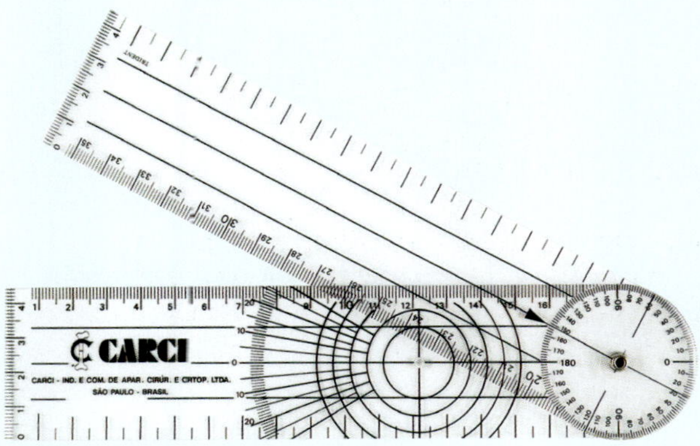

4 Regla francesa

También denominada “curvígrafo” sirve para realizar trazos que no se pueden hacer con compás.

5 Compás

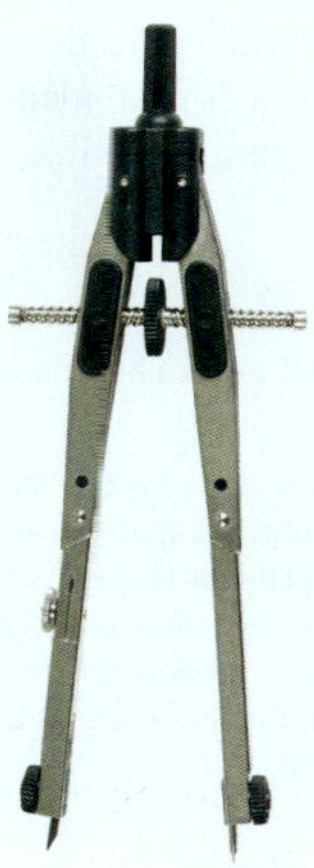

Compás con alargadera

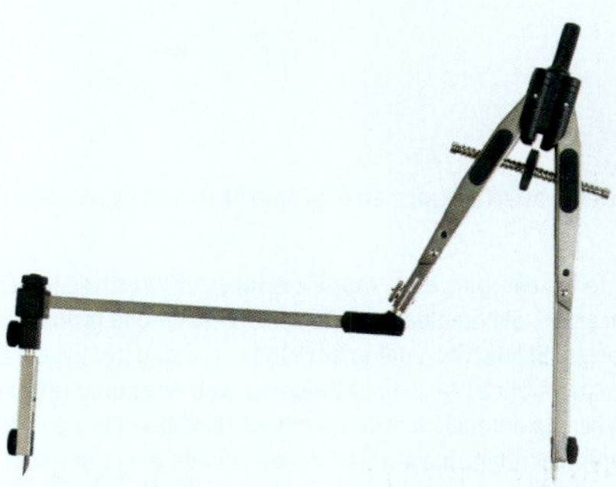

Compás con adaptador

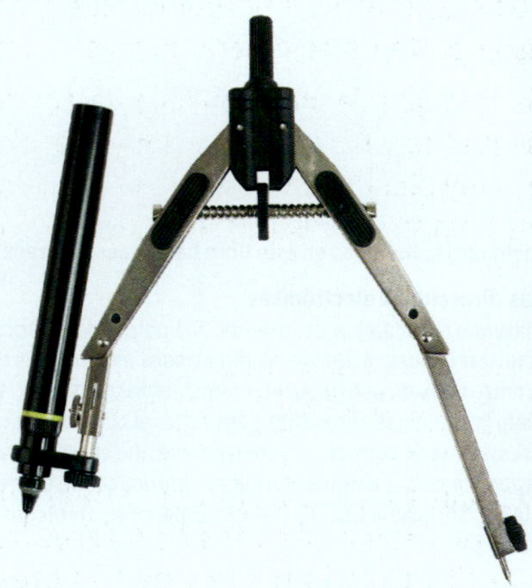

El libro **Educación Plástica y Visual I** forma parte del Proyecto Editorial de Educación Secundaria del Grupo SM.
En su realización ha participado el siguiente equipo:

Autoría
Isabel Rodríguez, Inmaculada Soler, Elisa Basurco, Beatriz Valiente, Sandra Sevita

Edición
Esther Müller, Laura Sánchez, Paloma Lara, Vanesa Blanco

Revisión didáctica
Mediúscula, mitjans educatius

Corrección
Lourdes Jiménez

Ilustración
Alberto García Ayerbe, Javier Salas Larrota, José Luis Navarro Garcia, José Manuel Pedrosa Pérez, Shutterstock, Laura Sánchez Álvarez, ARCHIVO SM

Fotografía
Sergio Cuesta; Sonsoles Prada, Javier Calbet, Laura Sánchez Álvarez, Almudena Esteban, María Pía Hidalgo / Archivo SM; WWF, Quino / Lumen, Ricardo Salas Loizaga, DGT (Dirección General de Tráfico), Fernando Favoretto, Luis Castelo, newbalance.cl, DC Entertainment / DC Comics, Ministerio Sanidad, Consumo y Bienestar Social/movimientoactivate.es/ Estrategia Naos/ AECOSAN, Ministerio de Educación, Cultura y Deporte / Ministerio de Sanidad, Servivios Sociales e Igualdad/ EDUCALAB/ MOOCINTEF, Beatriz Valiente, MAX / Museo Nacional del Prado, Goscinny/ Morris/ Editorial Bruguera, S.A., WATTERSON / Universal Press Syndicate, AKIRA TORIYAMA / Planeta Cómic, Jim Davis / Universal Uclick, Jim Davis / PAWS, INC, ¡PUÑOS FUERA! El blog de Mazinger Z / Go Nagai, Peanuts Worldwide LLC / Universal Uclick, Anna Devís y Daniel Rueda (@anniset y @drcuerda), Ayuntamiento de Cádiz / Fundación Cajasol / Fundación Cádiz C.F., kidscanhavefun.com, PUMA®, Rowan Stocks Moore/ Disney, SERIOUSLY / Heinz, The Coca-Cola Company, Inmaculada Soler (Ilustración), Isabel Rodríguez Gutierrez (Ilustración), ; J. Vollers / PHOTONICA; Bridgeman Images / Age Fotostock / Age Fotostock; SCALA; Digital Vision; Fratelli Alinari IDEA Spa; ALAMY IMAGES / CORDON PRESS; Thinkstock; 123RF; Shutterstock; iStock; Getty Images; Album; ARCHIVO SM

Iconografía
Sergio Cuesta

Diseño de cubierta e interiores
Estudio SM

Maquetación
Estudio SM, Safekat

Responsable de desarrollo
Mª Victoria Esteban Puente

Gerencia de desarrollo
Yolanda Hernández

Gerencia de Arte
Mario Dequel

Gerencia de Producto
Charo Zazo

Gerencia de Producción
Antonio de Pedro

Dirección editorial
Jorge Lite

Todas las actividades contenidas en este libro han de ser realizadas en un cuaderno aparte, nunca en el propio libro. Los espacios incluidos son meramente indicativos y su finalidad es puramente didáctica.

Gestión de las direcciones electrónicas
Debido a la naturaleza dinámica de internet, SM no puede responsabilizarse de los cambios o las modificaciones en las direcciones y los contenidos de los sitios web a los que remite en este libro. Con el objeto de garantizar la adecuación de las direcciones electrónicas de esta publicación, SM emplea un sistema de gestión que redirecciona las URL que con fines educativos aparecen en la misma hacia diversas páginas web; entre otras de uso frecuente: http://es.wikipedia.org, www.youtube.es. SM declina cualquier responsabilidad por los contenidos o la información que pudieran albergar, sin perjuicio de adoptar de forma inmediata las medidas necesarias para evitar el acceso desde las URL de esta publicación a dichas páginas web en cuanto tenga constancia de que pudieran alojar contenidos ilícitos o inapropiados. Para garantizar este sistema de control es recomendable que el profesorado compruebe con antelación las direcciones relacionadas y que comunique a la editorial cualquier incidencia a través del correo electrónico ediciones@grupo-sm.com.
ISBN Andalucía: 978-84-1318-513-2
Depósito legal: M-7416-2020
Impreso en la UE / *Printed in EU*